Judi Jar

CW00959528

¡Estás contratado!

Consejos y técnicas para superar con éxito las entrevistas de trabajo y encontrar empleo

PAIDÓS
Barcelona • Buenos Aires • México

Título original: *You're Hired! Interview*, de Judi James
Publicado en inglés por Crimson Publishing, Wesrminster House, Kew Rd, Richmond, Surrey TW9 2nd, UK

Traducción de Remedios Diéguez Diéguez

Cubierta de Mª José del Rey

1.ª edición, mayo 2011

© Judi James, 2009. All rights reserved
© 2011 de la traducción, Remedios Diéguez Diéguez
© 2011 de todas las ediciones en castellano
    Espasa Libros, S. L. U.,
    Paseo de Recoletos, 4. 28001 Madrid
    Paidós es un sello editorial de Espasa Libros S. L. U.
    www.paidos.com

ISBN: 978-84-493-2532-8
Depósito legal: M-13332-2011

Impreso en Artes Gráficas Huertas, S.A.
Camino viejo de Getafe, 60 – 28946 Fuenlabrada (Madrid)

Impreso en España – *Printed in Spain*

Sumario

Capítulo 2
VALORAR EL «PRODUCTO»:
¿QUÉ TENGO QUE VENDER?

Capítulo 3
CÓMO CONSEGUIR UNA ENTREVISTA

Capítulo 4
PREPARACIÓN PSICOLÓGICA:
CÓMO REACTIVAR TU CONFIANZA

CAPÍTULO 5
GESTIONAR EL RECHAZO

CAPÍTULO 6
GESTIÓN DE LAS IMPRESIONES: CÓMO CONSEGUIR COMUNICACIONES EFICACES Y DEJAR UNA IMPRESIÓN DURADERA

Introducción

¿Eres masoquista, ególatra o un jactancioso al que le gusta llamar la atención?

Si has respondido a estas tres preguntas con un «no», es muy probable que no te gusten las entrevistas.

Para la mayoría de las personas que buscan trabajo, las entrevistas son tan divertidas como roerse un codo. Tal vez los jactanciosos compulsivos con tendencias narcisistas las vean como una oportunidad de destacar, pero para el resto de nosotros, la idea de exponer nuestra frágil autoestima ante un extraño para que la pisotee a voluntad puede ser horrible.

La buena noticia es que puedes *aprender* a que te gusten las entrevistas. Aunque este libro no las convierte en uno de los mayores placeres de la vida, como comprarte tu primer Porsche o tomar chocolate, te *ayudará* a que el proceso resulte más sencillo y más agradable. Sin duda, las entrevistas te saldrán mucho mejor.

Este libro es una guía práctica, ilustrativa y entretenida para todo aquel que se enfrente a una entrevista de selección o de ascenso, tanto si se busca el primer trabajo como si ya se forma parte del mercado laboral, para cambiar de carrera o incluso para los que retoman la vida laboral después de un tiempo sin trabajar.

Una entrevista es a la vez un ritual y una representación. Veremos los sencillos pasos necesarios para realizar correctamente los rituales (cómo hay que presentarse y saludar, qué atuendo escoger y cómo causar buena impresión), y después pasaremos a las técnicas inspiradoras y realmente liberadoras que te permitirán superar los nervios, la timidez y la falta de confianza para que puedas destacar sin que nada te lo impida. Encontrarás trucos prácticos sobre el currículum y la preparación, así como consejos para enfrentarte a las preguntas (desde la más sencilla hasta la más complicada). Se incluye un capítulo dedicado al seguimiento posterior a la entrevista.

Abordaremos todas estas cuestiones con energía, compromiso y sentido del humor. ¿Por qué con sentido del humor? Porque es lo único que nos permite seguir adelante cuando la energía y el compromiso corren el riesgo de esfumarse. La risa es un importantísimo sistema de autodefensa. La utilizamos para disminuir nuestros temores y nuestras barreras. Cuando empiezas a tomarte demasiado en serio a ti mismo durante una entrevista, te permite abrirles la puerta de salida a la ansiedad, los nervios, la falta de autoestima e incluso a la paranoia. La profesionalidad no tiene por qué ser algo excesivamente serio.

> *«Crecerás el día en que verdaderamente te rías de ti mismo por primera vez.»*
> Ethel Barrymore

Aprender a que te gusten las entrevistas: regla número 1

¡No permitas que te asusten!

Las entrevistas deberían ser desafiantes, estimulantes y sólo *ligeramente* intimidantes. *Deberían* sacar lo mejor de ti, no lo peor. Representan una oportunidad, no una batalla. El entrevistador quiere que seas brillante, lo mismo que tú deseas. Está ahí para identificar el talento y el potencial, no para rebajar a los candidatos. No boicotees tus posibilidades con pensamientos negativos. Al igual que para obtener éxito en el deporte o sobre un escenario, tu actitud mental será tan determinante para tu éxito como tus capacidades y tu experiencia.

Este libro pretende ayudarte a que mantengas la energía y el buen ánimo durante todas las fases del proceso de entrevista. A veces será como una palmadita de ánimo en el hombro, y otras, como una buena patada en el trasero. Aprenderás técnicas motivacionales para mantenerte centrado y optimista incluso ante posibles decepciones y contratiempos. Tu determinación para salir airoso será mucho mayor que tu determinación para el fracaso. Sólo tienes que recordarte a ti mismo, a partir de este preciso momento, el siguiente mensaje motivador:

Aprender a que te gusten las entrevistas: regla número 2

¡Permítete destacar!

Eres único. Tienes talentos, habilidades y carácter. Tu potencial es ilimitado. Aunque no todas las empresas a las que te dirijas estarán buscando a alguien como tú, con tu singularidad, razón por la cual tendrás que mejorar tus habilidades y ampliar tu experiencia con el fin de aumentar tus posibilidades. Y no en todos los casos llegarán hasta el auténtico «tú», motivo por el cual resulta vital presentarse de una manera efectiva en un espacio de tiempo relativamente breve.

Aprender a que te gusten las entrevistas: regla número 3

¡Nunca aceptes consejos de alguien que tenga problemas!

Los consejos son gratuitos, y cuando prepares una entrevista es muy posible que te bombardeen con ellos y te caigan por todas partes, como fruta madura de un árbol. Recuerda, sin embargo, que no es preciso escucharlos todos, y mucho menos ponerlos en práctica. Muchos te llegarán de personas para quienes el éxito es un completo extraño al que no reconocerían aunque se les plantase delante con un bombín y un gran clavel rosa en la solapa. De hecho, gran parte de la trillada «sabiduría» sobre las entrevistas es tan desacertada que si yo fuese abogada les pondría una demanda por imprudencia temeraria.

¿Quieres conocer tres de los consejos más estúpidos que podrías escuchar cuando vayas a enfrentarte a una entrevista?

■ Sé tú mismo.
■ Lo harás lo mejor que puedas.
■ Si tiene que ser, será.

¿Te suenan?

El problema de los consejos como éstos es que todos apuntan a una misma hipótesis: «¿Por qué preocuparse?». Los tres comentarios anteriores están pensados para tentarte a la inercia o la pereza, porque dan a entender que el resultado de la entrevista no depende en absoluto de ti. Esta falta de control perceptible implica que si fracasas no es por culpa tuya, que es el recurso de limitación de daños que el cerebro pone en marcha para proteger tu autoestima. Si te esfuerzas como corresponde, empiezas a aceptar la responsabilidad ante los posibles fracasos. Es mejor quedarse sentado y *esperar* caerles bien a los entrevistadores que dar los pasos necesarios para adquirir las habilidades que podrían garantizarte su aprobación.

Aprender a que te gusten las entrevistas: regla número 4

Eres tan fuerte como tu *pensamiento* más débil

Imagina que aplicas los tres mantras anteriores a una habilidad básica que hayas aprendido a lo largo de tu vida (por ejemplo, a conducir). Llegas a la primera práctica y el profesor te dice que «si tiene que ser, será». Si tienes la suerte de arrancar a la primera, el «sé tú mismo» probablemente te hará perder el control y te estamparás contra la farola más próxima. Veamos algunos consejos rápidos sobre esos tres mensajes.

- **Sé tú mismo.** Es imposible y poco práctico. Una entrevista es un proceso formal durante el cual te pedirán que vendas tus capacidades ante uno o varios desconocidos. ¿Esa conducta forma parte de tu vida diaria habitual? ¿Tienes un «tú mismo» para esa situación? La respuesta, probablemente, es «no».
- **Lo harás lo mejor que puedas.** ¿Cómo lo sabes? No tienes ni idea de cómo es «lo mejor que puedas». Todos somos capaces de hacer cosas maravillosas y extraordinarias que escapan a nuestra propia comprensión. No deberías poner límites a tus logros.
- **Si tiene que ser, será.** ¿Desde cuándo eres hippie y dejas que el destino cósmico dirija tu vida? Toma el control, deprisa. Está en tu mano decidir cómo vas a hacer las cosas, no en manos del karma. O, como alguien dijo en una ocasión: «Cuanto más trabajo, más suerte tengo».

¿Pruebo y a ver qué pasa?

Probablemente, muchos de los acontecimientos claves de tu vida que provocaron cambios considerables (enamorarse, quedarse embarazada o *embarazar* a una mujer, o comprar una casa o un piso) ocurrieron con bastante rapidez. En una entrevista puede suceder lo mismo. Después de unos minutos intercambiando información puedes acabar consiguiendo un puesto de trabajo que cambie el curso de tu vida. Aun así, muchos candidatos no tienen ningún reparo en presentarse sin preparación, sin planificación y ni tan sólo con unos objetivos claros. Recurren al método del «pruebo y a ver qué pasa»; es decir, se presentan y actúan en función de lo que vaya surgiendo.

¿Consideras que no tienes control sobre tu propio destino? *¿Realmente* crees que el mejor consejo antes de asistir a una entrevista es que te limites a «ser tú mismo»? ¿O eres de la opinión de que el éxito es algo que se consigue con esfuerzo, objetivos claros y una pizca de buena suerte?

Este libro trata de estos tres últimos elementos, pero sobre todo de los dos primeros. Está dirigido a personas que creen que «cuanto más trabajo, más suerte tengo». O, como dijo Ralph Waldo Emerson: «Los hombres superficiales creen en la suerte. Los hombres fuertes creen en la ley de causa y efecto». Se trata de optimismo y de cambio, no de quedarte sentado y quejarte porque la vida nunca te ofrece una mano ganadora. Recuerda que cualquier idiota puede quejarse y lloriquear (¡y que casi todos los idiotas lo hacen!).

Cómo utilizar este libro

Tus capacidades en el momento de la entrevista consistirán en cinco «estratos» fundamentales que puedes visualizar como las capas de una cebolla grande cortada por la mitad (¡pero sin lágrimas!).

Estrato 1: capacidades calificadas

Este estrato incluye tus capacidades certificadas y medidas, es decir, tus titulaciones. Ya las habrás presentado en tu currículum antes de asistir a la entrevista. Si estás pidiendo un ascenso, es posible que tengas que incorporar los títulos obtenidos durante tu estancia en la empresa.

Estrato 2: experiencia laboral

Este estrato consiste en los trabajos que has desempeñado. Estos detalles deberían figurar en tu currículum, y probablemente se mencionarán durante la entrevista. Pueden incluir trabajos voluntarios no remunerados o trabajos temporales, así como empleos más continuados. Si te reincorporas al mercado laboral después de un tiempo sin trabajar, deberías considerar la posibilidad de incluir experiencias como el cuidado de la familia o la organización de una casa.

Estrato 3: talento personal

En este estrato se incluyen tu personalidad y tus habilidades sociales. ¿Eres leal, puntual, activo o afable? ¿Tienes capacidad para dirigir equipos o de gestión? ¿Eres capaz de motivar o entretener a los demás? ¿Eres una persona segura de ti misma? ¿Cómo está tu autoestima?

Estrato 4: test psicotécnicos

Se incluyen las capacidades que pueden evaluarse durante la entrevista mediante pruebas matemáticas o exámenes escritos, por ejemplo.

Estrato 5: habilidades sociales

Son las capacidades de comunicación o comportamiento que demostrarás durante el desarrollo de la entrevista. Incluyen la comunicación visual, verbal y vocal, así como tu capacidad para desenvolverte durante la presentación y el saludo con los entrevistadores, y tu capacidad de escuchar y comunicarte. Asimismo, incluye tu capacidad para charlar y mantener conversaciones intrascendentes, responder a preguntas sobre ti mismo y tu experiencia, tus valores y tu capacidad general de trabajo.

Las habilidades interpersonales son fundamentales en la empresa actual, y cada vez se presta más atención a las **habilidades sociales.** La capacidad de relacionarse bien con otras personas es tan importante que cuando Microsoft preguntó a los líderes empresariales del

Reino Unido cuáles eran las capacidades más buscadas, las dos que encabezaron la lista fueron la capacidad de trabajar en equipo y las habilidades interpersonales. Tus habilidades interpersonales serán evaluadas para juzgar si posees la capacidad de comunicarte con otros empleados, convencer a los clientes e influir en sus decisiones, y gestionar o liderar equipos.

Los estratos 1, 2 y 3 formarán parte de la planificación previa a tu carrera, y se trabajan principalmente mucho antes de llegar a la fase de entrevista. No obstante, en este libro encontrarás consejos para reforzar las posibles lagunas de cara a futuras entrevistas. Los estratos 4 y 5 constituyen el núcleo de este libro, en el que encontrarás un gran surtido de consejos para ayudarte a gestionar los nervios o la falta de confianza antes de las entrevistas y durante las mismas.

Existen tareas previas que puedes aprovechar para prepararte, pero también encontrarás soluciones rápidas para cada fase de las entrevistas, además de un capítulo dedicado a problemas con consejos de emergencia.

Por tanto, repitamos de nuevo el mantra principal de este libro:

¡Permítete destacar!

Es la única disciplina que vas a necesitar. Con la ayuda de este libro, antes de tu próxima entrevista no sólo darás brillo a tus zapatos, sino también a tu presentación, tu personalidad y tu comportamiento. Trabajaremos partiendo de la idea de que no prepararse es sinónimo de prepararse para fracasar, lo que significa que cualquier esfuerzo y estrategia realizados para planificar tus entrevistas sólo pueden ser positivos. También veremos que el encanto y el carisma natural pueden llevarte muy lejos en la vida, pero sólo si sabes transmitirlos por los cuatro costados.

1 ¿PARA QUÉ SIRVEN LAS ENTREVISTAS?

Este capítulo te ayudará a entender los objetivos de las entrevistas:

- explicándote por qué tus habilidades en el trato directo son tan importantes para el éxito en tu carrera;
- dándote a conocer el papel del entrevistador y sus cuatro objetivos básicos durante la entrevista;
- explicándote la diferencia entre una buena entrevista y una mala entrevista;
- ampliando el alcance del proceso de la entrevista advirtiéndote cuándo empieza y termina realmente;
- analizando la estructura de una entrevista;
- repasando los diferentes tipos de entrevistas a las que puedes enfrentarte.

¿Para qué sirven las entrevistas? Parece obvio, ¿verdad? Lo cierto es que podría argumentarse que una entrevista es un método subjetivo para tomar una decisión que debería ser objetiva. Al fin y al cabo, si dispones de información detallada sobre una persona, y esa información se ha comprobado a fondo, ¿para qué necesitas ver, además, al candidato? ¡Si todo el mundo sabe que las apariencias engañan!

Con el entusiasmo que existe actualmente por la comunicación impersonal, las empresas podrían pasar de puntillas por el proceso de selección sin tener que recurrir a las constataciones visuales. La mayoría de las entrevistas incluyen una fase telefónica, y muchas de ellas también recurren al correo electrónico. En muchos casos, los candidatos se someten a test psicotécnicos (preguntas escritas o por correo electrónico para valorar tu personalidad y tus rasgos conductuales) con el fin de obtener el que debería ser un resultado imparcial. ¿Sabías que algunas empresas incluso muestran interés (aunque superficial) por la contratación a través de la red y utilizan páginas como Second Life para organizar sesiones de selección de las que acaban saliendo contrataciones reales? ¿O que las empresas buscan en Google a los candidatos o comprueban si forman parte de alguna red social, como Facebook, para ver si son tan agradables y encantadores como su currículum da a entender?

El elevado coste del proceso de selección en tiempo y dinero implica que los entrevistadores se someten a una gran presión para encontrar al candidato adecuado, lo que provoca estrés por ambas partes. Los empresarios siempre están buscando la manera de contratar a empleados estrella utilizando los métodos más rápidos, sencillos y económicos, a la par que infalibles. Cada vez que contratan al candidato «equivocado», saben que su reputación o incluso su carrera corren peligro. Sin embargo, todas esas maniobras impersonales y objetivas sólo sirven para retrasar lo inevitable. En alguna fase del proceso de contratación, el perro tendrá que ver al conejo, lo que significa que te encontrarás sentado ante una mesa, o en torno a ella, cara a cara con uno o varios entrevistadores.

El problema para los entrevistadores es que resultaría muy difícil contratar a alguien sin conocerle primero en persona.

20

He preguntado a varios entrevistadores de personal profesionales por qué les gusta ver a los candidatos antes de ofrecerles un puesto. Veamos una selección de respuestas:

- «Si el trabajo es de cara al público, necesito ver cómo se presentan. ¿Tienen buena presencia? Sólo cuando los vemos en persona podemos juzgarlos realmente como lo harían nuestros clientes.»
- «Siempre leo los currículums antes de una entrevista, pero creo que se puede saber más sobre la personalidad de alguien si lo ves cara a cara.»
- «A veces, los candidatos mienten o exageran en el currículum. Si les pregunto cara a cara, puedo saber la verdad.»
- «Necesito ver si encajarán en la cultura de la empresa.»
- «Siempre pienso que el lenguaje corporal es muy revelador.»
- «La imagen es importante para nuestra empresa. No contrataríamos a nadie que vistiese de forma inadecuada.»
- «Consideramos las técnicas interpersonales como una de las principales habilidades para cualquier puesto en esta compañía. No es suficiente que sepan comunicarse por teléfono o que entreguen un currículum bien redactado; también necesitamos ver si son capaces de interactuar en el cara a cara.»
- «La gente se tira faroles para conseguir un trabajo. Un buen entrevistador sabe reconocer la verdad.»
- «Buscas momentos de duda o incertidumbre que te indican que tienes que profundizar más.»

¿Cuándo empieza una entrevista?

Resulta sencillo asumir que una entrevista comienza en el momento en que entras en la oficina del entrevistador y éste empieza a hacerte preguntas. No siempre es así. Las cosas no se ponen en marcha cuando las luces se apagan y sube el telón. La entrevista habrá comenzado en el momento en que contactaste con la empresa o la agencia. Cada comunicación forma parte del proceso de valoración. Existen al menos 11 etapas básicas que debes considerar como partes del proceso que denominamos **la entrevista:**

1. contacto por teléfono o correo electrónico para solicitar el puesto o pedir más información;
2. datos sobre contratación de la empresa;
3. tu currículum;
4. llegada y espera en recepción;
5. primer contacto y charla trivial;
6. someterte a las preguntas del entrevistador;
7. un «paseo por el trabajo» (te muestran la empresa para que conozcas las instalaciones y a los empleados);
8. comida en las oficinas;
9. pruebas y tareas;
10. tu nota de agradecimiento o contacto de seguimiento;
11. posibles entrevistas para ampliar datos.

¡Ah! Y si asistes a una entrevista de promoción interna, deberás tener en cuenta que el proceso habrá comenzado en el momento en que empezaste a trabajar en la empresa, ¿no crees? No importa que hayan pasado muchos años. (¡No te agobies!)

¿Cuándo sale mal una entrevista?

Las malas entrevistas no son sólo las que no terminan con una oferta de trabajo. De hecho, es totalmente factible (y frecuente) que alguna vez te ofrezcan un empleo que habías estado a punto de dar por perdido sólo porque la entrevista había sido espantosa. De hecho, un estudio con más de 2.000 personas encargado por T-Mobile reveló que un tercio de los solicitantes de un puesto de trabajo salen de la entrevista con una mala impresión. La consultora Development Dimensions asegura que una mala experiencia en una entrevista influiría en la decisión de aceptar o no una oferta en dos tercios de los solicitantes.

Las malas entrevistas abarcan desde las experiencias ligeramente desagradables:

- «Me hicieron esperar media hora en una recepción abarrotada y el entrevistador ni siquiera se disculpó por el retraso».
- «El entrevistador se puso enfermo y yo creo que recurrieron a su ayudante en el último minuto»...

... Hasta las de un mal gusto total:

- «Tuve que reunirme con la responsable de Recursos Humanos (RR. HH.) en un bar. Se comportó como si llevase un rato bebiendo.»
- «Tenían mal mi nombre y no dejaron de referirse al currículum equivocado.»
- «Se sentó en el suelo, detrás de su escritorio, y me pidió que despertase su interés.»
- «El jefe insistió en preguntarme qué haría si tuviese hijos.»

¿Cuándo sale bien una entrevista?

Las buenas entrevistas, como las malas, presentan todo tipo de formas y duración, pero en general quedarás satisfecho si:

- te dejan suficiente tiempo para hablar y no te meten prisa;
- te hacen preguntas desafiantes pero adecuadas;
- te escuchan.

¡QUÉ VERGÜENZA!
Un estudio realizado por Reed Business Information reveló que 1 de cada 10 profesionales de RR. HH. admiten haber mentido en algún proceso de selección de empleo.

- tu entrevistador sabe tu nombre y se ha leído a fondo tu currículum;
- te entrevista más de una persona (el proceso de selección resulta menos subjetivo);
- te tratan con corrección y son puntuales;
- te hacen sentir cómodo;
- te dan información sobre la empresa y el puesto que solicitas;
- te tratan con imparcialidad;
- te informan de cuándo tomarán la decisión.

Cómo se estructura el objetivo de una entrevista

Empecemos simplificando las cosas. Todo buen proceso de contratación o entrevista de promoción tiene cuatro objetivos básicos:

1. **Pronóstico:** seleccionar a la persona adecuada para el puesto.
2. **Formación:** informar sobre el puesto.
3. **Influencia y persuasión:** conseguir que el candidato adecuado acepte el trabajo.
4. **Imagen y relaciones públicas:** crear una buena imagen de la empresa, tanto si se tiene intención de contratar al candidato como si no.

COSAS QUE PUEDES DISFRUTAR DURANTE LA ENTREVISTA

■ Saber que el entrevistador, posiblemente, estará tan nervioso como tú (si no más). Al fin y al cabo, su reputación y/o su puesto podrían verse en peligro si no logra detectar a los buenos candidatos.

■ Ponerte guapo. Está muy bien verse con un traje elegante de vez en cuando.

■ Imaginarte al entrevistador desnudo o en el baño. Es uno de los trucos más viejos cuando uno busca la manera de sentirse más cómodo. No sé si funciona realmente, pero es posible que te haga sonreír.

■ Explicar todos tus logros a completos desconocidos sin que te acusen de alardear

■ Jugar al «bingo de las frases típicas de entrevista»: a ver cuánto tardan en decirte «Tenemos que ver a otros candidatos», «Aquí tienes una historia resumida de la empresa», «¿Has tenido algún problema para encontrarnos?» o «Por supuesto, he leído tu currículum, pero me gustaría que me explicases algo más de ti».

■ Decir «Me voy a por mi abrigo» cuando el entrevistador te pregunte por qué tu nombre en Facebook es «Guarrillabuenorra.com».

Cómo se relaciona tu papel con esa estructura

Tu principal objetivo será conseguir el trabajo o el ascenso. No obstante, tu papel en cada uno de los cuatro objetivos básicos anteriores tiene que ser activo, no pasivo. Y eso significa que intentarás demostrar lo siguiente:

■ **Cualificaciones y experiencia:** presentarte como el mejor candidato para el puesto.

■ **Capacidad de escuchar y preguntar:** obtener más información sobre el trabajo.

■ **Personalidad, comportamiento, técnicas de comunicación e inteligencia emocional:** convencer e influir a los entrevistadores para que te hagan una oferta.

■ **Relaciones públicas y marketing personales:** provocar una impresión positiva para el futuro, aunque en el presente no consigas el trabajo.

¿RESULTA FÁCIL ENCONTRAR LOS PROCESOS DE SELECCIÓN ADECUADOS?

El estudio del Chartered Institute of Personnel Development (CIPD) de 2007 sobre contratación, retención y renovación de personal reveló que el 45% de las empresas tuvieron dificultades para cubrir puestos de gestión y profesionales, y un 25%, para puestos de dirección.

El 84% de las empresas se enfrentan con esfuerzo a la contratación de personal nuevo, y el método más frecuente para resolver este tema consiste en elegir a personas que no cumplen todos los requisitos, pero que muestran potencial para crecer en la empresa.

¿Preparado? ¿Dispuesto? ¿Capaz?

Para simplificar todavía más las cosas, recuerda que la mayoría de los entrevistadores buscarán en ti tres elementos fundamentales durante la fase de la entrevista:

1. **¿Preparado?** ¿Tienes suficiente experiencia para el puesto? ¿Encajas con el resto del equipo o del departamento?
2. **¿Dispuesto?** ¿Aportarás entusiasmo, energía, compromiso y esfuerzo?
3. **¿Capaz?** ¿Posees las habilidades y las cualificaciones necesarias para el puesto?

Es posible que todas las personas que consigan llegar a la entrevista ten-

Microsoft preguntó a 500 líderes empresariales del Reino Unido cuáles eran las habilidades más buscadas. La capacidad de trabajar en equipo y las habilidades interpersonales encabezaron la lista.

gan esas tres cualidades. En ese caso, el trabajo del entrevistador consistirá en descubrir quién las tiene más desarrolladas.

También podría ser que nadie encaje del todo. Entonces, en lugar de pasar a los mejores, el entrevistador podría intentar comparar las capacidades de los candidatos. En ese caso, la falta de experiencia previa podría suplirse con las ganas de aprender. Así, los puntos débiles pueden no ser fatales si tienes puntos fuertes en otros campos.

O *podría* ocurrir que necesiten cubrir inmediatamente un puesto y contraten a la primera persona que se presente (puede parecer extraño, pero he hablado con empresas que se han enfrentado a este dilema).

O... podría darse una situación a medio camino entre cualquiera de las que acabo de citar.

Tipos de entrevistas

Entrevista de selección con un solo entrevistador

Una entrevista de selección estándar puede durar hasta una hora. En ese tiempo, uno de los propietarios de la empresa (si se trata de una compañía pequeña), un jefe de departamento o un jefe de Recursos Humanos te hará preguntas. Muchas de esas preguntas estarán relacionadas con tu currículum, que habrás enviado previamente como parte del proceso de selección anterior a la entrevista.

Cada entrevistador tiene su propia manera de llevar la entrevista. Algunos siguen un estilo formal, con preguntas establecidas que plantean a todo el mundo. Otros prefieren un estilo informal, más conversacional. Lo habitual es que el entrevistador te invite a entrar en una oficina, se presente y te ofrezca un café o un té. Posiblemente, se producirá una breve charla y después te hará algunas preguntas relacionadas con el trabajo. Al final de la entrevista no esperes que te diga si el puesto es tuyo o no, sino cuándo y cómo te informarán de la decisión.

Entrevista en equipo

Puede ser muy similar a la anterior, con la excepción de que te hará preguntas más de una persona. El equipo puede estar formado por hasta seis entrevistadores, y es posible que no todos participen en la sesión de preguntas y respuestas. La idea de ser entrevistado por un equipo puede parecer más intimidatoria, pero te beneficiará porque garantiza un proceso de selección justo y objetivo.

Entrevista a distancia

Se realiza por teléfono o por videoconferencia. Tal vez utilicéis una cámara web para comunicaros por internet, o es posible que te citen en una sucursal de la empresa para utilizar los teléfonos o la videoconferencia en sus instalaciones. Este tipo de entrevista es cada vez más habitual, pero casi nunca se realiza como única vía. En general, forma parte del proceso de preselección y lo normal es que acabe con una entrevista personal.

Test psicométrico

Normalmente, los test psicotécnicos forman parte del proceso global de la entrevista. Existen dos categorías:

1. **Test de aptitud:** diseñados para poner a prueba tus capacidades para el trabajo (por ejemplo, nociones de aritmética o capacidad lógica).
2. **Test de personalidad:** preguntas sobre tu conducta y tus pensamientos en situaciones específicas.

Ambas pruebas pueden ser escritas o bien *on-line*.

Presentación

Existe la posibilidad de que te pidan que te presentes, lo cual implica hablar ante el equipo de manera más formal sin que te interrumpan. La sesión de preguntas se produce al final. Puede parecer abrumador, pero más adelante encontrarás consejos para facilitarte este proceso. En muchos aspectos, es como ofrecerte una vía rápida para lanzarte a por el trabajo; te brinda tiempo para exponer todas tus cualificaciones y habilidades. Las presentaciones rara vez se improvisan; sabrás que tendrás que hacerla antes de acudir a la entrevista. Si asistes a una entrevista para tu primer trabajo y no tienes estudios universitarios ni experiencia laboral, es muy poco probable que te pidan una presentación.

Centros de valoración

Existe la posibilidad de que te entrevisten en un centro de valoración, generalmente gestionado por una empresa externa contratada por la compañía que organiza la selección. La entrevista puede tener lugar en un centro de la empresa, en un hotel o incluso en la empresa contratante. Si son externos, estos centros son especialistas en entrevistas de selección para otras empresas. Llevan a cabo la entrevista y después informan a la empresa. El principal objetivo de un centro de valoración consiste en evaluar tus capacidades y tu aptitud para el puesto, no en someterte a pruebas escritas o verbales. Es muy posible que te planteen juegos de rol y tareas en equipo o de liderazgo.

Agencias de selección

Si solicitas un trabajo a través de una agencia de selección, realizarás la primera entrevista con la agencia, que hará las veces de filtro antes de enviarte a una o varias empresas que se ajusten a tu perfil. Estas agencias reciben un gran número de solicitudes; en este libro encontrarás consejos para destacar y asegurarte de que te elijan para los procesos de selección de los mejores trabajos.

Segunda entrevista

Si tu primera entrevista sale bien, deberían informarte de ello mediante correo ordinario o electrónico. A continuación, te harán una oferta formal o te citarán para una segunda entrevista. Si es así, o bien forma parte del proceso normal, o bien se debe a que hay más de un candidato adecuado para el puesto y el equipo de selección necesita eliminar candidatos. Es muy probable que muchas de las preguntas que te formulen durante la segunda entrevista sean para ampliar la información que les diste en la primera.

Este capítulo ha sido una especie de vista preliminar para ofrecerte una visión general de lo que puedes esperar en una entrevista. Como dice el cabo Jones en *Dad's Army*:

«¡Que no cunda el pánico!»

En este libro encontrarás consejos para ayudarte a superar todas las fases de una entrevista. No son difíciles, aunque cada una presenta su propio grado de dificultad. ¡Las dificultades son buenas para ti! Si nunca afrontas nada difícil, nunca te permitirás avanzar y crecer.

Lo único peor que una entrevista difícil es una fácil. Conseguir un buen trabajo debería proporcionar el sentimiento de alcanzar un logro. Una entrevista que te resulte tan cómoda como un paseo por el parque debería alertarte. Si el entrevistador no te plantea preguntas desafiantes, es que no tiene interés, o no es profesional, o está desesperado.

EN RESUMEN

■ Recuerda tus papeles básicos: presentación, información (dar y recibir), persuasión (conseguir que quieran contratarte) y crear una impresión positiva para que te tengan en cuenta en el futuro.

■ Prepara el terreno teniendo en mente las tres áreas principales de interés del entrevistador. ¿Estás **preparado** y **dispuesto,** y eres **capaz** para el puesto?

■ Existen diferentes tipos de entrevistas. ¿Cuál es el tuyo? La planificación y la preparación consisten en pulir las técnicas adecuadas para cada tipo de encuentro.

2 VALORAR EL «PRODUCTO»

¿Qué tengo que vender?

Todas las entrevistas de selección o de promoción interna consisten en vender, y a pesar de ello muchos candidatos llegan sin prepararse ningún tipo de «automarketing» y presentación personal. En una entrevista de trabajo, *tú* eres el producto del que se habla, y este capítulo te ayudará a venderte de la manera más positiva y eficaz:

■ identificando y dando prioridad a tus puntos fuertes;
■ adoptando una visión objetiva de tus capacidades y tus talentos;
■ analizando qué vende y qué no;
■ dando forma a tu «escudo» para fomentar la competencia y la confianza;
■ siendo consciente del alcance de tus competencias mediante el estudio de las «ocho inteligencias».

Tú y tu yo

Toda comunicación empieza desde el **yo,** es decir, desde tu propia imagen y tu confianza sobre quién eres y qué lugar ocupas en el mundo. En las comunicaciones que se producen en las entrevistas hay cuatro «yos» en juego:

1. tu confianza en ti mismo y tu propia imagen;
2. tu impresión y tus pensamientos acerca del entrevistador;
3. su posición y su imagen;
4. su impresión acerca de ti.

Y aquí es donde entra en juego la gestión de la imagen. Durante la entrevista tendrás que venderte utilizando una buena cantidad de autoestima y una expectativa positiva de la impresión del entrevistador acerca de ti para conseguir una «venta». La primera fase de esa venta consiste en aprender a evaluar y después comercializar el producto: tú.

De acuerdo, la idea de venderse puede sonar un poco drástica. Como dijo Patrick McGoohan en su serie televisiva de culto *El prisionero*: «¡No soy un número, soy un hombre libre!». Aunque una carrera profesional no implica vender tu alma, ni siquiera tu cuerpo, sí tendrás que vender tus talentos y habilidades, tu tiempo, tu energía y tu compromiso.

El primer paso, antes incluso de solicitar una entrevista, consiste en echar un vistazo a fondo a toda esa riqueza de talentos y capacidades. Al fin y al cabo, es lo que tendrás que vender y, como cualquier buen vendedor, debes conocer muy bien el producto.

Delicias de chocolate

¿Sabes algo sobre técnicas de marketing? Para el siguiente ejercicio, me gustaría que imaginases que eres una chocolatina que se va a lanzar al mercado (o a relanzar, si te reincorporas a la vida laboral). La venta de esa chocolatina implicará cinco elementos fundamentales:

1. **Información del producto:** ¿qué aspecto y qué sabor tiene?
2. **Embalaje del producto:** ¿qué tipo de envoltorio tendrá?
3. **Plataforma comercial:** ¿a quién podría gustar más la chocolatina?
4. **Precio:** ¿ofrece una buena relación calidad-precio?
5. **Publicidad:** ¿cómo se puede presentar para que venda?

Todos estos factores se aplicarán a tus propias habilidades de marketing.

- **Información del producto:** ¿cuáles son mis capacidades y mis talentos?
- **Embalaje:** ¿qué debo llevar puesto para la entrevista? ¿Qué aspecto debo tener y qué tono de voz debo emplear?
- **Plataforma comercial:** ¿qué tipo de empresa o de puesto ofrecerá la oferta en la que mejor encajo?
- **Precio:** ¿qué salario espero recibir?
- **Publicidad:** ¿cómo les hago saber que estoy aquí?

Muy sencillo: simple sentido común, ¿verdad?

Crear tu escudo

Para afianzar la difusión del producto, vas a crear tu escudo. Será tu armadura, tu campo de fuerza e incluso tu defensa y tu protección cuando te lances al mercado de trabajo. Asimismo, te ayudará a solicitar los puestos adecuados en lugar de dispersar tus talentos sin ton ni son y esperar a que alguno arraigue. Puede que la entrevista sea muy importante para ti ahora mismo, pero es sólo la primera fase de la que podría ser una senda muy larga, de manera que resulta fundamental un poco de pensamiento centrado y direccional.

El escudo es un ejercicio muy eficaz y con resultados muy positivos porque se trata de un modo muy sencillo, e incluso divertido, de conseguir todo lo que se cita a continuación mientras te preparas para tus entrevistas. El escudo:

CONSTRUYE TU ESCUDO

Toma una hoja de papel, preferiblemente de tamaño A4 o más grande.

Dibuja la forma de un escudo que ocupe casi toda la hoja. Si tus dotes artísticas no son de las que quitan el sueño, divide la hoja en cuatro partes.

Los cuadrantes de tu escudo

habilidades duras	**habilidades blandas**
logros	**personalidad**

Escribe estos encabezamientos en la parte superior de cada cuadrante:

habilidades duras
habilidades blandas
logros
personalidad

Rellena cada cuadrante con el mayor número posible de palabras.

■ estimulará tu confianza;
■ te ayudará a redactar tu currículum;
■ te ayudará a construir tus estrategias de búsqueda de empleo;
■ te ayudará a dar lo máximo de ti mismo para venderte durante las entrevistas;

- subrayará aquellos puntos débiles en los que podrías trabajar antes de una entrevista;
- te ayudará a ver que eres una persona maravillosa;
- ¡y te hará sentir como un guerrero, y no como un enclenque, cuando te lances al mercado de trabajo!

Habilidades duras

Son tus cualificaciones y otras habilidades prácticas, como por ejemplo conducir, utilizar el ordenador o saber idiomas. La mayoría de estas habilidades son mensurables, pero no necesariamente. Si puedes, haz una lista y no te autocensures. No se trata de establecer comparaciones, sino de crear tu perfil. Tienes que ser objetivo, no modesto o humilde. Volvamos a los tipos que debaten en torno a una mesa la manera de vender la chocolatina. ¿Crees que la conversación sería parecida a la siguiente?

—Supongo que está muy buena.

—Sí, tiene muchos trocitos de chocolate. A los consumidores eso les gusta.

—Pero no tantos como la competencia, así que a lo mejor no deberíamos mencionarlo.

—Y tampoco es tan grande como la de la competencia. Ni tan cremosa. Por si acaso, no diremos nada sobre el sabor, el tamaño o los trocitos de chocolate.

—No, cuando se trata de hacer marketing, cada punto positivo es un punto positivo, pero los puntos negativos también pueden ser positivos. Toma esta conversación como ejemplo de ello.

—Es más cara que las demás marcas con diferencia.

—¡Eh, eso es estupendo! Tenemos una chocolatina de lujo para darse un auténtico capricho. Cómprala porque te lo mereces, o para demostrarle a tu novia cuánto la quieres.

Así que, si sabes nadar, anótalo en la lista. No dejes de incluir esta habilidad sólo porque todas las personas que conoces nadan mejor que tú.

Habilidades blandas

Son tu comportamiento y tus habilidades interpersonales. Muchas empresas las valoran más que las habilidades duras. Para ayudarte con tu lista, he creado un «autoservicio de palabras» con el fin de abrirte el apetito y comenzar tu selección. ¿Se te da bien alguna de las siguientes habilidades?

escuchar	ser asertivo
comunicar	motivar
utilizar el teléfono	vender
tratar con los clientes	fomentar el espíritu de equipo
dar consejos o ayudar	persuadir e influir
instruir	negociar
orientar	delegar
gestionar	hacer presentaciones ante grupos
liderar	formar
gestionar el tiempo	manejar a personas difíciles

Si te reincorporas al mercado laboral o buscas tu primer empleo a una edad atípica porque te has ocupado de tu familia, puedes aplicar esas habilidades sin problemas a tu casa y a tu vida social. Ser padre requiere competencia en muchas de estas habilidades blandas básicas, y te ayudará si sabes utilizar el **pensamiento transcrito:** observa las habilidades que ya utilizas y analiza cómo las puedes aplicar en tu vida laboral.

Uno de los grupos con los que resulta más difícil negociar son los niños pequeños. Son los mejores negociadores, los más duros. ¿Por qué? Porque van tan directos como un misil cuando se trata de conseguir lo que quieren. No tienen ningún reparo en usar las técnicas necesarias para conseguirlo, y no se rinden hasta que logran su objetivo. Si alguna vez has tenido éxito en tus negociaciones con un niño de tres años, manejar a ese jefe en la sala de juntas te parecerá facilísimo.

¿Hasta qué punto te espabilas para llegar a casa? ¿Cómo tienes que gestionar tu tiempo? ¿Actúas de manera asertiva en lugar de ponerte a gritar incongruencias cuando las cosas van mal? ¿Tienes una tarea diaria de delegación?

Si te cuesta ver esas habilidades diarias en su contexto, invierte en un par de libros de empresa que te enseñen las habilidades blandas. Cuando empieces a evaluarlas de ese modo, te prometo que pensarás: «¡Pero si esto es de sentido común!». Por supuesto, pero nunca subestimes el sentido común de toda la vida. En el mundo de la empresa es tan raro como un perro verde. ¡Lo sé porque durante años no he vendido otra cosa!

Logros

Todo logro es tan grande como el esfuerzo y la decisión empleados en él. Te lo digo porque este apartado sobre el escudo tiene que ser muy personal. ¿Qué has hecho en tu vida que te exigiese un esfuerzo? ¿Qué retos personales has superado? Un verdadero logro es aquel por el que has sentido la necesidad de felicitarte con unos golpecitos en la espalda, aunque ninguna banda tocase a tu paso cuando lo conseguiste.

He logrado muchas cosas en mi vida, desde publicar libros hasta tener mi propia serie de televisión, pero mi *mayor* logro fue meterme en un ascensor en Canary Wharf y llegar al piso más alto. ¿Por qué? Porque sufro de claustrofobia y hacía quince años que no entraba en un ascensor. Necesité más valor del que puedas imaginar para entrar en aquel ascensor, pero nadie descorchó botellas de champán ni me esperaban decenas de periodistas a la salida. La mayoría de las personas utilizan los ascensores de forma habitual, sin ni siquiera pensar en ello. Yo tuve que armarme de valor, así que considero aquella experiencia como uno de mis momentos de mayor orgullo y la situaría la primera en mi lista de logros.

¿Has…

- corrido una maratón;
- trabajado para una organización benéfica;
- cuidado a alguna persona;
- superado una discapacidad, enfermedad o fobia;
- ido más allá de los que considerabas tus límites;
- superado tu timidez;
- fabricado algo;
- tenido y criado un hijo;
- ganado una competición deportiva;
- perdido peso? (¡No importa si lo recuperaste!)

Son ideas para hacerte pensar. Ahora, por favor, ¡continúa!

Personalidad

En este cuadrante debes escribir palabras que definan o describan tu personalidad. Asegúrate de utilizar únicamente rasgos positivos. ¿Qué es eso tan fantástico que te caracteriza? ¿Qué puntos positivos de tu personalidad aportarías a un nuevo trabajo? Es posible que con el «subidón» de haber rellenado los otros cuadrantes, en éste te veas capaz de incluir el triple de palabras. Por si no es así, aquí tienes algunas ideas:

alegre	perspicaz
positivo	analítico
optimista	detallista
seguro	entusiasta
reflexivo	dinámico
amable	centrado

atento	eficaz
empático	trabajador
decidido	asertivo
honesto	flexible
digno de confianza	

Utilizar tu escudo

El objetivo básico de tu escudo consiste en animarte y motivarte haciendo que te veas a ti mismo de una manera positiva. Es, además, una herramienta de gran valor para ayudarte a redactar tu currículum y para venderte durante la entrevista propiamente dicha.

Ya sabes qué se te da bien y conoces tus puntos fuertes. Cuando tengas tu trabajo ideal en mente, será el momento de seleccionar y perfeccionar aquellos aspectos que te serán de utilidad cuando llegue el momento de solicitar el trabajo elegido y someterte a la correspondiente entrevista. Una técnica eficaz consiste en colocar el escudo delante de ti y elegir las mejores cualidades, cualificaciones y competencias para el trabajo que vayas a solicitar. Tu escudo no será sólo un estimulador interno de la confianza, sino que además tendrá ese uso práctico que te permitirá escoger las cualidades relevantes que puedes ofrecer a cualquier empresa.

Diferentes estilos: ¿cuál es tu grado de inteligencia?

He pensado que te gustaría saber un par de cosas fascinantes sobre tus niveles de inteligencia. ¿Eres ágil de mente o sesudo? ¿Te consideras «del montón» o incluso «tirando a mediocre»? Existen varios tipos de inteligencia, lo que significa que, aunque seas un poco flojo en una, es muy probable que tengas puntos fuertes de los que tal vez ni siquiera seas consciente.

41

Hace años, la inteligencia se valoraba mediante el **cociente intelectual** (CI). Las personas más inteligentes eran aquellas capaces de solucionar todas las pruebas escritas. Pero ¿qué pasaba con las demás zonas del cerebro?

Howard Gardner, profesor de Educación en la Universidad de Harvard, sugiere que tenemos no una, sino ocho inteligencias distintas. Si entiendes estas ocho opciones, podrías estimular tu confianza intelectual y presentarte con más fuerza en las entrevistas.

Las ocho inteligencias

- **Lingüística:** se te da bien el lenguaje y sabes hablar con corrección.
- **Lógica:** eres bueno en matemáticas o en sistemas y análisis.
- **Visual/espacial:** eres capaz de imaginar el aspecto de las cosas, te orientas sin problemas o dibujas bien.
- **Musical:** eres capaz de crear música, seguir una melodía o mantener un ritmo.
- **Física:** se te da bien el baile, correr u otros deportes.
- **Interpersonal:** te relacionas bien con los demás.
- **Intrapersonal:** haces autoanálisis, entiendes tu comportamiento y tus sentimientos.
- **Naturalista:** (¡no, *naturista* no!) vives en armonía con el mundo natural.

Todas estas inteligencias son importantes. ¿Sabes en cuáles destacas? Empieza a valorar tu inteligencia por algo más que los resultados de unos exámenes o unos test de inteligencia.

EN RESUMEN

■ Considérate un producto. Adopta una visión objetiva y positiva de ti mismo y de tus puntos fuertes únicos.

■ Realiza la actividad del escudo para formarte una visión vital de tus propios puntos fuertes.

■ Valora tu inteligencia basándote en las ocho inteligencias, no en los test habituales. Eres valioso para muchas empresas sin ni siquiera ser consciente de ello.

3 CÓMO CONSEGUIR UNA ENTREVISTA

Este capítulo te ayudará con los pasos prácticos para lograr que una empresa o una agencia te entrevisten:

- entendiendo las tres rutas clave para conseguir una entrevista;
- analizando las habilidades para establecer contactos o llamadas no planificadas;
- motivándote para que te lances y no dejes de hacerlo.

Las rutas clave para conseguir una entrevista

Son tres:

1. **Esperar** a que se ofrezca un puesto y solicitarlo.
2. **Llamar sin planificación previa:** llamar a una empresa y solicitar que te tengan en cuenta para un futuro puesto vacante, aunque en el momento de la llamada no tengan ninguno. Otra opción es enviar tu currículum mediante correo electrónico. Un estudio realizado por *Personnel Today* en 2006 reveló que más del 70 % de las empresas recurren a la red como método de contratación, y es probable que ese porcentaje haya aumentado considerablemente.
3. **Que te descubra un cazatalentos:** establece contactos para asegurarte de tener visibilidad en el mercado o que otra empresa o agencia de cazatalentos te descubra en tu puesto actual y te ofrezca un nuevo trabajo.

¿Puedo juntar las tres?

¡Por supuesto! La única norma sobre las entrevistas es la siguiente:

¡Quien arriesga, gana!

Si te sientas a esperar que aparezca tu trabajo ideal y venga a buscarte, seguirás sentado en la misma silla durante mucho tiempo.

Promocionarte y venderte es muy parecido a comercializar cualquier otro producto. Imagina de nuevo que eres una chocolatina. Tienes buena pinta, un buen sabor, un buen precio y un envoltorio atractivo. Hay clientes a los que les encantaría comprarte. El único problema es que no saben que existes. Sin un marketing activo que eleve tu perfil, todos tus talentos y tus habilidades son invisibles.

Si estás sin trabajo o te sientes infravalorado o descontento en tu empleo actual, tendrás que poner en marcha una campaña para encontrar tu primer trabajo o cambiar de empresa. Esto implica desarrollar detalles escritos de todo lo que tienes de maravilloso y de tus habilidades (tu currículum), y después asegurarte de que llegue a los lugares adecuados junto con una carta de presentación y una llamada telefónica que refuerce tu ofrecimiento.

Promocionarte

¿Eres vendedor por naturaleza? Promocionar cualquier producto exige nervios de acero y la piel de un rinoceronte. Promocionarte *a ti mismo* requiere nervios de hormigón armado y la piel de seis rinocerontes. Aunque en realidad no es así. A veces puede *parecerlo*, pero lo que realmente se necesita es la capacidad de coger el teléfono y pedir que te den una oportunidad.

Cuando te lanzas al mercado de trabajo, no hay lugar para el orgullo o la timidez. Paul Jacobs, con treinta años de experiencia en el mundo de la contratación de empleados, incluso sugiere que conviene ser un poco obsesivo.

La promoción perfecta

Antes de pasar al currículum y a la planificación de los contactos, convendría que te sentases y reflexionases sobre esta afirmación:

¡No eres el centro de todo!

La obsesión con uno mismo es una cuestión habitual entre las personas que buscan trabajo. Una muestra representativa de los pensamientos habituales del solicitante medio sería más o menos así:

- «Quiero que me den este trabajo.»
- «Me merezco un poco de buena suerte.»
- «Espero que me elijan.»

Paul Jacobs aconseja: «Genera una lluvia de ideas como un loco. Apúntate en agencias, pero también pregúntate en qué empresas te gustaría trabajar y dirígete a ellas directamente. Las grandes compañías reciben miles de solicitudes, razón por la que en su mayoría recurren a una agencia, pero ése no es motivo para que no lo intentes.

»Sé audaz. Escribe al director ejecutivo y explícale quién eres y por qué solicitas un puesto en su empresa. Después, llama por teléfono. El interés que demuestres podría distinguirte de la gran masa que busca trabajo. Tienes que trabajar duro. El trabajo no vendrá a ti, tienes que salir a por él. Los elementos esenciales son el entusiasmo, la energía y un buen sistema de apoyo para subirte la moral. Pregunta y sigue intentándolo, porque es fácil rendirse y perder el rumbo si no consigues resultados inmediatos.

»Considera la búsqueda de empleo como una experiencia, como una carrera. Haz campaña. Establece contactos entre familiares y amigos. En muchos aspectos, la vida es una gran entrevista de trabajo. Observa qué impresión provocas en los lugares menos obvios. Conozco a algunos empresarios que utilizan Facebook para investigar a los solicitantes, para ver qué publican y qué les dice eso de ellos. Los que contratan personal lo utilizan para averiguar tu trayectoria».

■ «Me sentiré mejor si consigo este trabajo.»
■ «Necesito el dinero.»
■ «Necesito elogios.»
■ «Me gustaría esa carrera.»
■ «Deseo enfrentarme a un reto.»
■ «Quiero sentirme seguro de mí mismo.»

- «Quiero sentirme aceptado.»
- «Quiero que el entrevistador sea amable conmigo e ignore ese vacío en mi expediente laboral de cuando no me molesté en buscar empleo.»
- «Quiero que pasen por alto que tengo informes negativos por falta de puntualidad.»

Cuando te promociones y realices esos primeros acercamientos, tan importantes, a una empresa, lo que cuenta no es lo que tú quieres, sino lo que *ellos* quieren. No es tan difícil como piensas meterse en la mente del entrevistador medio. En muchos aspectos, sus necesidades son muy sencillas:

- «Quiero que los talentos y las habilidades de esta persona encajen perfectamente en el puesto que ofrecemos.»
- «Tengo que leer un montón de currículums y la mayoría son de solicitantes que no están cualificados para hacer este trabajo.»
- «Quiero leer currículums claros y que vayan al grano.»
- «Quiero que salgan a cuenta, es decir, que recuperemos la inversión que ofrecemos.»
- «No quiero pelearme con una montaña de detalles irrelevantes para encontrar al candidato perfecto.»
- «No soy un arqueólogo que va a una excavación, quiero que la persona adecuada aparezca ante mí sin buscar.»
- «Quiero que sepan que son la persona adecuada y necesito que sepan por qué.»

Veamos una norma que debes tener siempre presente durante el proceso de promoción:

Ponte en la piel del entrevistador

Resulta vital reevaluar constantemente el proceso desde la perspectiva del entrevistador. O, deformando un poco una cita de John F.

Kennedy: «No preguntes qué puede hacer la empresa por ti, pregúntate qué puedes hacer tú por la empresa».

Cómo preparar tu currículum

El ciberespacio y las impresoras domésticas han abierto las fronteras en el campo de la selección de personal. Aunque se trata de un hecho básicamente positivo (tenemos acceso a más puestos vacantes y la capacidad de anunciarnos de manera que todo el mundo nos vea, además de la posibilidad de enviar copias de nuestro currículum a tantas empresas como queramos), también tiene sus inconvenientes obvios. El elevado volumen de currículums que navegan por el ciberespacio provoca una enorme sobrecarga, y los entrevistadores se quejan de que los candidatos ya no miran si cumplen o no con los requisitos. Por su parte, muchos candidatos se lamentan de que los entrevistadores no proporcionan suficiente información de partida.

El resultado es que la mayoría de los currículums son «imprecisos»: no están hechos a medida, no son específicos y resultan inadecuados para el puesto en cuestión.

Esta idea debería ayudarte durante la entrevista real, pero también en la fase de promoción. Además, explica la mayoría de los siguientes puntos.

SÍ: dale a tu promoción la mayor difusión posible.

NO seas obvio. Si queda patente que la empresa a la que te diriges forma parte de una larguísima lista de candidatas, no impresionarás a nadie. Haz que todos tus contactos sean sólidos y opta por lo personal y lo específico, no por lo disperso.

SÍ: invierte el tiempo necesario en crear un currículum excepcional.

NO redactes un currículum «de talla única». Prepara cada currículum a la medida de cada empresa a la que lo envíes.

SÍ: actualiza tu currículum. Hace poco recibí uno de un treintañero que incluía detalles de sus años escolares en el primer párrafo.

SÍ: redáctalo de manera que sea fácil de leer por encima. Los entrevistadores son personas muy ocupadas; no se sientan con una taza de café bien caliente y una pipa para leer cada currículum de principio a fin. Reciben montones (probablemente sacos llenos) de currículums y toman atajos, como cualquiera de nosotros. Organiza tu currículum en fragmentos fáciles de digerir, con titulares, como si fuese un periódico.

NO recurras al «todo vale para que mi currículum destaque entre los de los demás». Los toques personales, como el papel rojo, las fotos «extravagantes» o los logos sonrientes, *harán* que tu currículum destaque, pero para mal.

NO des por sentado que el entrevistador o el personal de Recursos Humanos tienen sentido del humor.

NO utilices signos de exclamación (¡Hola! ¡Soy Nicola, graduada en medios de comunicación! ¡Me encantan las relaciones públicas!).

SÍ: en la carta de presentación, agradece al entrevistador que lea tu currículum.

NO te rebajes ni divagues.

SÍ: crea un currículum «destacado», fácil de leer y de asimilar.

SÍ: trabaja de arriba abajo. Piensa que los entrevistadores tienen un nivel de atención bajo; por tanto, acumula al principio del currículum todos los datos positivos en cuanto a cualificaciones y experiencia. Dejar lo mejor para el final podría significar que lo mejor nunca llegue a ser leído. Este tipo de currículum se conoce como **currículum de cronología inversa.**

SÍ: incluye sin falta los siguientes puntos:

- información de contacto (lo creas o no, algunos candidatos olvidan hacerlo);
- cualificaciones;
- habilidades;
- historial laboral (si lo posees), incluyendo fechas;
- desarrollo profesional (cursos a los que has asistido);
- intereses;
- referencias.

SÍ: recuerda que algunas de tus habilidades quedarán expuestas en el propio currículum (comunicación, redacción, atención a los detalles, pulcritud y planificación). Asegúrate de que tu currículum no te deje como un mentiroso. Por ejemplo, la afirmación «Tengo buen ojo para los detalles» parecerá una estupidez si escribes «Tengo buen ojo *pera* los detalles».

SÍ: no dejes de enviar currículums en papel. Puedes distribuirlos en ferias de empleo y utilizarlos como excusa para dejarte caer por una agencia de contratación. El papel siempre resulta agradable a la vista (¡por favor, que sea reciclado!); en este mundo de comunicaciones *on-line*, incluso puede convertirse en un placer manipularlo y leerlo. El mero hecho de comprar y pegar un sello en un sobre *puede* demostrar un interés y un entusiasmo que los correos electrónicos no transmiten.

Selección por internet

Sarah El Doori es directora de marketing de Trinity Mirror Digital Recruitment. Sus principales consejos para maximizar las oportunidades de encontrar un trabajo a través de la red son:

- «Busca portales de empleo especializados en el sector que te interesa. Si no sabes por dónde empezar, teclea en Google los términos de búsqueda básicos: por ejemplo, "empleo abogados". Comprueba las ofertas de las dos primeras páginas.»

- «Además de enviar tu currículum, asegúrate de que aparezca en los buscadores, ya que el personal de selección y los empresarios utilizan con frecuencia las bases de datos de currículums para buscar candidatos.»

- «La mayoría de los portales de empleo te pedirán que crees tu perfil. Debes rellenarlo siempre, ya que cuanta más información tengan las personas que puedan ofrecerte un empleo, mayores serán las posibilidades de que recurran a ti.»

- «Regístrate para recibir avisos o *newsletters* con ofertas de los portales de empleo, ya que utilizan las direcciones de correo para enviarte ofertas que coinciden con tus criterios de búsqueda.»

Piensa siempre **lateralmente** cuando decidas a qué empresas y sectores vas a acercarte. Por ejemplo, a lo mejor piensas que el Instituto Nacional de Gestión Sanitaria está formado exclusivamente por personal sanitario, y no es así. Los médicos y las enfermeras componen sólo un porcentaje de la fuerza de trabajo. El Instituto está formado por diversas organizaciones y se ofertan también puestos de gestión y de administración, por ejemplo.

Planificación de estrategias

Es posible que ya hayas llegado a la fase de la entrevista, pero la promoción es un proceso continuo. Te promocionas, haces la entrevista y vuelves a promocionarte si no consigues el trabajo. La promoción es una campaña que, como las técnicas para superar una entrevista, necesita que la reinicies y la renueves periódicamente si quieres que las cosas te salgan bien.

Muy bien, ha llegado el momento de remangarte. La planificación de estrategias para tu promoción debería incluir los siguientes pasos:

- **Mapear:** selecciona el tipo de mercado laboral que buscas.
- **Curiosear:** elige algunas empresas para las que te gustaría trabajar y averigua todo lo que puedas sobre ellas (Google es un buen punto de partida).
- **Encajar:** ¿a quién o qué tipo de persona buscan? Lee y relee los requisitos, y comprueba si encajas. Si no hay vacantes ofertadas en la empresa que te gusta y llamas sin cita previa, hazte una idea de la compañía y de su cultura a través de internet o solicitando información. Adapta tu currículum para asegurarte de incluir detalles útiles y adecuados.
- **Reclamar:** promociónate enviando tu currículum por correo ordinario o electrónico, llamando a la empresa, pidiendo una entrevista. O bien asiste a ferias de empleo con el objetivo de llegar a la fase de entrevista.

Cómo relacionarse con una agencia de contratación

Una agencia de contratación puede ayudarte a promocionarte en el mercado de trabajo en lugar de tomar la ruta directa entre el candidato y la empresa. Existen ciertas ventajas, incluyendo el acceso a puestos de cuya existencia ni siquiera eras consciente y el hecho de que alguien promocione tus talentos y tus habilidades en tu nombre.

Una agencia de contratación necesita que primero te promociones tú mismo con su personal. Causar una buena impresión a la agencia puede ser tan vital como hacerlo ante un posible jefe; por tanto, enfréntate a las entrevistas con agencias exactamente de la misma manera que lo harías en el caso de una entrevista de trabajo. La corrección, la puntualidad, la amabilidad y la fiabilidad serán cualidades «vendibles» que pueden ayudarte a escalar puestos en las bases de datos de las agencias.

Paul Jacobs afirma: «El inconveniente de la tecnología actual que permite registrarse al instante es que el currículum se guarda automáticamente en la base de datos de la agencia, sin interacción humana. Sin una conversación con un asesor profesional, sólo silencio, es muy probable que la agencia ni siquiera se moleste en llamarte por teléfono, puesto que el volumen de solicitudes que recibe significa que dispone de demasiados currículums.

»El tuyo no es más que otro currículum oculto entre la multitud de currículums que abarrotan su base de datos, que no para de crecer.

Paul Jacobs, uno de los mayores expertos en contratación del Reino Unido, señala: «Si en el pasado la mayoría de los que buscaban trabajo recurrían a una agencia de contratación para apuntarse y reunirse con un asesor con el fin de hablar sobre el siguiente paso en su carrera, la vida contemporánea nos proporciona la comodidad y la facilidad que supone registrarse en este tipo de agencias *on-line* en cualquier momento del día o de la noche».

»Tu currículum se guardará en esa base de datos. Cuando un asesor se encargue de un nuevo puesto vacante, tecleará palabras clave relacionadas con el puesto para ver qué currículums encajan.

»El problema de este proceso es que resulta totalmente impersonal. La combinación perfecta se deja en manos del *software* del ordenador del asesor.

»La intuición y el sentido común quedan excluidos de este proceso clínico. Dado que la personalidad y la actitud de cada individuo tienen al menos tanto que ver con conseguir un puesto como la experiencia o las capacidades, la pregunta es: ¿cómo haces que la persona que decide recuerde tu cara y entienda quién eres como individuo, más allá de un conjunto de competencias esbozadas en tu currículum?

»La respuesta es que tienes que ser suficientemente valiente para llamarles por teléfono. Tienes que ser beligerante y persistente. Pregunta si han recibido tu currículum y, muy importante, consigue el nombre de la persona que se va a encargar de él. Intenta organizar un encuentro con esa persona, pero si no lo consigues, pásate por las oficinas, pregunta por el asesor con el que hablaste por teléfono y preséntate. Explícale quién eres.

»No debes pasar por alto ni subestimar la oportunidad de causar buena impresión al asesor. A partir de ese momento, serás para él una persona real, no otro currículum más perdido en su ordenador.

»Acompaña siempre el currículum con una buena carta de presentación: te dará la oportunidad de destacar entre la multitud. Muchos currículums ofrecen el mismo aspecto y suenan igual: "Tengo 22 años y soy graduado en...". Tu carta de presentación expresará quién eres y te ayudará a personalizar tu solicitud.

»Consigue el nombre de la persona a la que va dirigida tu carta, ya que así te será más fácil llegar a ella cuando llames por teléfono a la empresa. La recepcionista es la "guardiana de la puerta", y si puedes preguntar por una persona concreta, hay muchas posibilidades de que no te bloquee el paso. Aunque tengas que ser insistente, te abrirá la puerta.

»Debes estar siempre en tu papel. No olvides impresionar al personal de la agencia cuando te reúnas con ellos; realiza el mismo esfuerzo que harías para impresionar a un futuro jefe. Nunca pienses "Sólo voy a ver a los de la agencia". Vístete correctamente, lleva las uñas impolutas y los zapatos bien limpios. La primera impresión cuenta, ¡es cierto!

»¡Practica la adulación! Puede que te pregunten: "¿Por qué has elegido esta agencia?". Investiga para poder responderles con exactitud por qué les has elegido. Por ejemplo: "He recurrido a ustedes porque tienen una trayectoria de más de veinte años y una reputación excelente. He oído cosas fantásticas sobre su agencia...".

»Resulta imprescindible saber exactamente qué quieres y qué no quieres hacer en tu vida profesional. Mantén una actitud abierta respecto a las oportunidades, pero no te dejes convencer para adoptar un papel que no resulta adecuado para tus habilidades y tu personalidad. No disfrutarás de la experiencia y es muy posible que no conserves el puesto mucho tiempo. Y eso no te interesa para tu currículum.

»Las agencias de contratación suelen tener muchas ofertas para centralitas o ventas (por ejemplo, de espacios publicitarios). Eso está bien si es el tipo de trabajo que te gustaría hacer y si estás convencido de que tienes capacidad para ello, pero si no lo tienes claro, no permitas que te presionen para aceptar un trabajo que no te va.

»Pide a la agencia que te facilite información detallada sobre la empresa a la que van a enviarte. Deberían disponer de datos que no están a tu alcance en Google u otro motor de búsqueda: por ejemplo, detalles de la persona con la que te vas a reunir y qué tipo de preguntas van a hacerte. También pueden facilitar al entrevistador datos "tangibles", detalles útiles sobre ti: por ejemplo, que tal vez te pongas nervioso o te muestres tímido en las primeras fases de la conversación, pero que estás muy cualificado para el puesto».

EN RESUMEN

- Ponte siempre en el lugar del entrevistador. Los trabajos no se dan por razones de humanidad. Piensa qué puedes aportar a la empresa y ofrécelo en lugar de explicar qué significaría para ti conseguir el puesto.
- Sé profesional. Tómate la búsqueda de empleo como un trabajo y planifica bien tus estrategias. Ten en cuenta todas las rutas posibles.
- Trata a las agencias como empresas. Considera las entrevistas con agencias como entrevistas de trabajo.
- Asegúrate de tener el mejor currículum posible. ¡La primera impresión cuenta!

4 PREPARACIÓN PSICOLÓGICA

Cómo reactivar tu confianza

Este capítulo resulta imprescindible tanto si vas a asistir a una entrevista como si empiezas en un puesto nuevo, ya que trata sobre las fases de la preparación psicológica. Te ayudará a atravesar el campo de minas de la timidez, la falta de autoestima, la negatividad y la falta de confianza:

■ aportándote un conjunto de cuestionarios para aclarar y diagnosticar con exactitud cuáles son tus problemas «de pensamiento» y de dónde surgen;
■ guiándote para superar todos esos problemas, desde el estrés y la ansiedad hasta la timidez, y aportándote consejos y técnicas para asegurarte de que nunca les permitirás que vuelvan a sabotear tus posibilidades de éxito.

Confianza

Dedico todo un capítulo de este libro al tema de la confianza porque cuando me encontraba en la fase de investigación (preguntando a la gente qué le gustaría encontrar en un libro sobre técnicas para superar entrevistas) fue la petición número uno. La número dos fue la de las habilidades para recuperar la motivación y ayudarnos a superar los baches que parecen no acabar nunca. Sobre este tema también encontrarás numerosos consejos.

Una gran parte del éxito de tu entrevista quedará enmarcada bajo el titular «La mente puede más que el cuerpo», ya que en términos de pensamiento y de motivación, en la fase de la entrevista no serás sólo tu peor enemigo; serás tu *único* enemigo. Si tienes el talento, las habilidades y la experiencia necesarios, lo único que puede sabotear tus posibilidades serán la negatividad, la ansiedad, la timidez, el estrés y la falta de confianza.

Durante muchos años me he dedicado a dar conferencias y escribir sobre el tema de la confianza, y lo encuentro fascinante y muy preocupante. ¿Por qué caemos en la timidez? ¿Por qué nuestro intelecto se reduce a la nada cuando empiezan a temblarnos las piernas y a sudarnos las manos, y la mente se queda en blanco?

Es posible que te sientas como una víctima en lo que respecta a la confianza, como si no tuvieses ningún poder cuando se trata de la autoestima. Incluso es posible que pienses que la timidez forma parte de tu personalidad y que no puedes hacer gran cosa para cambiarla, como tampoco puedes cambiar el color de tus ojos. Estás equivocado.

En este capítulo aprenderás a aumentar tu confianza hasta el punto de ser capaz de venderte de manera eficaz y profesional. Algunos de los consejos requieren su tiempo, pero en su mayoría son de aplicación rápida: pequeños pasos y cambios en tu conducta o tu manera de pensar que ejercerán una enorme influencia en cómo serás percibido.

Diagnosticar tu problema

El primer paso para frenar y controlar la ansiedad en las entrevistas consiste en realizar un diagnóstico preciso de tu problema. ¿Sufres de baja autoestima, falta de confianza, timidez o estrés? Es importante identificar la causa antes de empezar a tratar los síntomas. De una entrevista, ¿qué es exactamente lo que te altera? Entender tus sentimientos significa tenerlos bajo control y emprender los pasos necesarios para eliminarlos o, al menos, suavizarlos.

Autoestima

¿Te salen mal las entrevistas porque tienes la autoestima baja? Resulta virtualmente imposible venderse si no se cree en el propio potencial. Puedes aprender a disimular tus problemas de autoestima y hablar en tu favor, pero si desarrollas una autoestima sana conseguirás que la experiencia de la entrevista te resulte más agradable. Una buena autoestima significa que te sentirás más cómodo con el proceso y más honesto respondiendo a las preguntas. Además, te ayudará a salir indemne si la entrevista no va seguida de una oferta de trabajo. Para algunas personas con la autoestima baja, el rechazo puede significar la confirmación de las propias expectativas bajas. Un lema típico de las personas con la autoestima baja es: «Lo sabía». Este tipo de pensamiento puede convertirse en autosabotaje, ya que generalmente conseguimos lo que creemos que merecemos. Ponte a trabajar en tu autoestima antes de provocar fracasos innecesarios.

¿Es la autoestima algo determinado por uno mismo, o es lo que llamamos un **yo reflejado** (un reflejo de los comentarios y las opiniones de los demás)? Un yo reflejado puede ser fuerte, pero sólo si siempre has estado rodeado de seguidores, pelotas y admiradores. Si has tenido o tienes unos padres, hermanos, hijos o parejas críticos y permites que sus opiniones negativas controlen tu percepción de ti mismo, no debería sorprenderte que tu autoestima se parezca un poco a Pete Doherty después de una juerga de seis semanas.

Es normal desear tener más confianza cuando se acude a una entrevista, pero ¿sabías que la confianza sólo se puede estimular si tu autoestima está sana? ¿Cómo se encuentra tu autoestima? Una manera sencilla de valorar su estado consiste en imaginarla como si fuese una persona. ¿Qué aspecto tendría? ¿Pálida, débil y apocada, o robusta y sana?

Tienes la autoestima baja si:

- te resulta más fácil criticarte y enumerar tus defectos que hablar de tus puntos fuertes;
- te dejas influir fácilmente en tus opiniones;
- cuando te miras en un espejo, tiendes a centrarte en tus zonas «problemáticas»;
- cuando te encuentras bajo de moral, empiezas a recordar todo lo malo que los demás han dicho de ti;
- te acosaban en el colegio y todavía rememoras aquellas experiencias;
- se te ocurren muchas razones por las que los demás candidatos podrían conseguir el trabajo, pero pocas o ninguna por las que podrían dártelo a ti;
- miras a los demás para que te elogien y te animen;
- esperas fracasar;
- te sientes incómodo con el éxito;
- tiendes a culpar a los demás o a las situaciones sobre las que no tienes el control;
- al fallar en algo, empiezas a rendirte.

CUESTIONARIO SOBRE AUTOESTIMA

Responde a las siguientes preguntas y al final suma la puntuación para comprobar el estado de salud de tu ego:

1. Cuando alguien me hace un cumplido, normalmente:

(a) me pregunto qué busca: ¿por qué me hace la pelota?;

(b) se lo agradezco y me siento un poco avergonzado;

(c) respondo con un comentario modesto. Si dicen que les gusta mi traje, probablemente comento que me lo compré en rebajas;

(d) estoy de acuerdo y me siento satisfecho.

2. Si en el trabajo paso junto a dos compañeros que están cuchicheando, tiendo a pensar que:

(a) están hablando de alguien: ¡podría intentar participar!;

(b) están tramando algo;

(c) están haciendo algún comentario positivo sobre mi aspecto;

(d) están hablando de mí (obviamente, criticándome).

3. Cuando hablo por teléfono, tengo tendencia a:

(a) utilizar la frase: «Hola, soy yo»;

(b) dar mi nombre completo y mi cargo;

(c) preguntar: «¿Estás ocupado o es un buen momento para hablar?»;

(d) colgar si sale un contestador. Prefiero el correo electrónico.

4. Has perdido la oportunidad de un ascenso. Piensas:

(a) siempre me pasa, sabía que no tenía posibilidades;

(b) seguro que la que lo ha conseguido se ha acostado con el jefe;

(c) seguro que la persona que lo ha conseguido posee más habilidades o experiencia. ¿Cómo puedo mejorar mi expediente para no perder la próxima oportunidad?;

(d) no puedo evitar sentirme cohibido en las entrevistas.

5. Te dejan plantado en una primera cita. Piensas:

(a) él o ella debe de haber tenido un accidente grave;

(b) probablemente se ha presentado, pero ha cambiado de opinión al verme y se ha marchado;

(c) a lo mejor es tímido o tímida. Es normal reprimirse cuando no hay confianza;

(d) sabía que era demasiado bueno para ser cierto.

6. Cuando llevabas a casa dibujos del colegio, tus padres:

(a) ¿los enmarcaban y los colgaban en la pared?;

(b) ¿te preguntaban qué significaban?;

(c) ¿los ponían en la nevera?;

(d) ¿te decían que nunca serías el nuevo Picasso?

7. Tus amigos son:

(a) personas a las que conoces de toda la vida (te encuentras más cómodo con personas a las que conoces bien);

(b) personas con las que te desahogas (un problema compartido es medio problema);

(c) alegres y optimistas, y tienen éxito en sus trabajos;

(d) compañeros de trabajo que pueden resultarte útiles para tu carrera.

8. Cuando un entrevistador te dice «Explíqueme más cosas de usted», piensas:

(a) ¿cuánto tiempo tengo? Empezaré con mis datos personales y enumeraré mis logros laborales hasta la actualidad;

(b) sólo quiere escuchar los datos relevantes sobre mi experiencia. Intentaré ser lo más breve posible;

(c) será mejor que sea sincero y le explique toda mi vida hasta la fecha;

(d) ojalá no preguntasen cosas tan difíciles.

Puntuaciones

1. (a) 0; (b) 4; (c) 2; (d) 6
2. (a) 4; (b) 2; (c) 6; (d) 0
3. (a) 0; (b) 6; (c) 4; (d) 2
4. (a) 0; (b) 6; (c) 4; (d) 2
5. (a) 6; (b) 0; (c) 4; (d) 2
6. (a) 6; (b) 0; (c) 4; (d) 2
7. (a) 2; (b) 0; (c) 4; (d) 6
8. (a) 6; (b) 4; (c) 0; (d) 2

Soluciones

37-48 Tu autoestima está por las nubes. Es posible, incluso, que la tengas demasiado alta. Existe el riesgo de que parezcas arrogante, o de que exageres sobre ti mismo hasta el punto de olvidar evaluarte desde el punto de vista de otra persona. Continúa haciendo bien las cosas, pero intenta detectar los puntos de tu currículum o de tu experiencia que podrían necesitar un trabajo más a fondo.

21-36 Tu autoestima está en bastante buena forma, sobre todo si tus puntuaciones son regulares. Eres capaz de evaluarte de manera objetiva, reconociendo los puntos positivos y también los que necesitan mejoras. Esta capacidad te permitirá sobrevivir a las entrevistas y salir bien parado.

11-20 Tu autoestima podría mejorar con un poco de dedicación. Eres popular en el trabajo, pero posiblemente te cuesta expresar tus puntos de vista o vender tus ideas en las reuniones o las entrevistas. Ese diálogo interior te dice que tienes menos capacidad de la que posees en realidad. Trabájalo y conviértete en amo de ti mismo. La modestia está bien, pero no como herramienta de autopromoción.

0-10 Tu autoestima es tan baja que, probablemente, sabías que este cuestionario te iba a salir fatal antes de empezarlo. En términos musculares, actualmente es enclenque, pero sólo necesita un poco de gimnasia y entrenamiento, como cualquier otro músculo del cuerpo. Empápate de los consejos que encontrarás a continuación, y ¡ánimo!

Carga de culpabilidad

Si has tenido una infancia difícil, sufriste acoso escolar o tu pareja te humillaba, te resultará muy tentador culpar a esas experiencias de esa baja autoestima que te bloquea. En una ocasión ayudé a un hombre que nunca lograba destacar en las entrevistas de promoción interna, de manera que incluso los empleados más jóvenes le adelantaban y se hacían con los puestos de gestión y dirección. Su problema era la falta de confianza en las entrevistas, y lo achacaba sin dudar a su infancia. Tenía un hermano mayor muy brillante y una hermana pequeña con mucho talento. Entre tanto potencial, a él le resultaba cada vez más difícil destacar. Comenzó a hacer travesuras para llamar la atención («Si no me haces caso siendo bueno, me lo harás por ser un estorbo»). Sus padres, cuando le regañaban, siempre le decían que era «tonto».

A pesar de una carrera satisfactoria, su **yo reflejado** (un tarugo inepto) se le había quedado grabado durante toda su vida y surgía de vez en cuando, en los momentos más inoportunos: citas, presentaciones de trabajo y entrevistas de ascenso. En muchos aspectos, había permitido a los demás que definiesen su valor y había arrastrado a aquella persona de poco valor durante más de treinta años. No importaban las ocasiones en que había desmentido ese yo reflejado: sus buenos resultados en la universidad, su licenciatura, su rendimiento en el trabajo. La emoción superaba a la lógica y su autoestima volvía a caer en picado y a jugarle malas pasadas cada vez que le ponían a prueba.

Enfrentarte a tu yo reflejado

Si tu **yo reflejado** sabotea tu potencial como en el caso anterior, existen cuatro consejos básicos para tratar el problema:

1. **Reconoce su existencia:** identifica la voz de tu yo reflejado y las fuentes de esa voz.
2. **Enfréntate a ti mismo:** ¿por qué eliges arrastrarlo toda la vida contigo?
3. **Enfréntate a su opinión:** sométete a una valoración nueva y objetiva basada en hechos, no en estereotipos, comparaciones injustas o prejuicios. En un tono más ligero, puede servirte de ayuda imaginarte la voz de tu yo reflejado como un sonido absurdo, característica que le restará autoridad y hará que puedas ignorarlo más fácilmente (a mí me sirve imaginar que es un sonido muy agudo y que se queja continuamente).
4. **Dale una patada en el culo:** lo que ocurre en tu vida (las opiniones y los comentarios de los demás, la ridiculización o el

insulto) forma lo que llamamos **estímulos.** Aunque no tengas la capacidad de controlar esos estímulos (de todos modos, la mayoría son comentarios del pasado), sí tienes la opción de controlar tu **respuesta** a ellos. ¿Por qué permitir a los demás que controlen tus sentimientos, tu autoestima y, en última instancia, tu vida? ¿No hacen suficiente daño con sus palabras? ¿Por qué retener esas palabras en tu cabeza y estar de acuerdo con ellas cuando las cosas se ponen difíciles? Cuando no puedas cambiar el estímulo, intenta cambiar la respuesta. Deja de permitir a los demás que ejerzan un efecto negativo en tu autoestima.

No eres la única persona que tiene problemas con su yo reflejado. El ego es una cosita muy voluble, y una de las cosas que he descubierto en los años que llevo trabajando en el campo de la empresa es que hay muy pocas personas (incluyo a altos ejecutivos y magnates) que se sienten ante su mesa y no piensen que cualquiera, en cualquier momento, puede mirarles y pensar que sólo están ocupando una silla.

Con frecuencia me acuerdo de una mujer alta, rubia, que trabajaba en una serie de televisión (¡vale, sí, era yo!), siempre rebosante de confianza hasta el mismo momento en que el productor la sacó de un ensayo para hablar con ella. Durante los diez segundos que duró el trayecto hasta la oficina, pensé que finalmente se habían dado cuenta de que era un completo desastre y estaban a punto de retirarme del programa. Por si fuera poco, permití que esa avalancha de negatividad se hiciese patente en mi lenguaje corporal. Por suerte, resultó que querían que ocupase también la franja horaria de alguien a quien habían despedido. Sin embargo, nunca he olvidado con qué rapidez, de qué manera espectacular y absoluta pasé de sentirme por las nubes a no ser nadie. Fue como si mi ego dijese adiós a mi cuerpo con un «A partir de ahora, estás solo».

Cómo reactivar tu autoestima en seis pasos sencillos

El psicólogo Arnold Buss define las seis fuentes principales de autoestima:

1. **Aspecto:** sentirte atractivo te hace sentir mejor contigo mismo.
2. **Capacidad y rendimiento:** los logros y las buenas cualificaciones alimentan el ego.
3. **Poder:** tener el control de tu destino y de tu vida.
4. **Recompensas sociales:** recibir alabanzas, cariño y respeto de los demás.
5. **Relaciones importantes:** en este punto se engloban los triunfos ajenos, los colegas importantes o poderosos, o los amigos populares.
6. **Moralidad:** ser buena persona y tener valores sólidos.

¿De qué te sirve todo esto durante el desarrollo de la entrevista? Si entiendes exactamente qué motiva y activa tu autoestima, será relativamente fácil ponerse manos a la obra para inflarla con una bomba de pie. Vale, no vas a borrar de un plumazo todo el daño provocado por aquel grandullón que te llamaba «inútil» en el recreo, pero puedes hacer una reparación de emergencia antes de esa entrevista.

Aspecto

Trabajar en tu aspecto es algo que harás de todas maneras, pero es importante tener en cuenta que tu traje elegante y bien planchado, tu corte de pelo correcto y tus uñas impolutas no son sólo para impresionar al equipo de la entrevista. Estos elementos tienen un poderoso efecto en tu percepción de ti mismo y en tu sentimiento de valía. ¡No dejes de planchar!

Capacidad

El siguiente paso consiste en reflexionar sobre tu escudo y tu currículum. Ya habrás hecho una lista de tus logros, experiencia, puntos fuertes y cualificaciones. Sabes que el escudo es para ayudarte a mejorar tu autoestima, pero (como tu traje) probablemente crees que tu currículum está redactado exclusivamente para venderte. En realidad, tiene otra finalidad: puedes leerlo y maravillarte de tus estupendas capacidades y cualidades justo antes de entrar en la oficina para realizar la entrevista.

Poder

Tal vez pienses que la cuestión del poder es más complicada. Sin embargo, es un elemento principalmente perceptivo. Puedes conseguir soluciones muy rápidas con sólo cambiar el guión en tu cabeza. En lugar de pensar cosas como «*Tengo* que levantarme temprano para la entrevista», «*Tengo* que llegar puntual», «*Tengo* que causar una buena impresión», sustituye el «tengo» por un «elijo»: «Elijo llegar puntual», etcétera. De ese modo, tendrás un sentimiento de control de tu mundo, tu destino y tu entorno mucho más profundo.

Recompensas sociales

En este punto podemos volver al yo reflejado. *Podrías* ir por ahí intentando acumular cumplidos de todo el mundo antes de la entrevista. Sin embargo, es una forma de activación de la autoestima que podrías sentirte tentado a poner en duda antes de una entrevista. Los comentarios positivos y los halagos de otras personas resultarán menos útiles en este caso que la preparación personal: mostrarte lo bueno que tienes a *ti* mismo. Intenta *decirte* lo bueno que eres en lugar de preguntar a los demás.

Relaciones importantes

Darse autobombo mencionando nombres importantes puede parecer vulgar, pero si lo haces bien podrás enriquecer tu perfil en la entrevista además de tu autoestima. De acuerdo, no conviene que tu conversación esté repleta de menciones a nombres importantes, pero no te hará ningún mal si utilizas algunas asociaciones siempre y cuando seas relativamente sutil al respecto. ¿Has trabajado para alguna empresa conocida? ¿Conoces a alguien importante? ¿Has asistido a alguna conferencia de una personalidad del deporte o has sido alumno de alguien con buena fama?

Moralidad

Unos momentos de silencio para pensar o incluso hacer una lista de tus valores te ayudarán a aumentar tu confianza. Expande el alcance de tu autoestima recordándote todas las ocasiones en que has ayudado a alguien y te has mostrado como una persona con principios, honorable y buena, aunque no obtuvieses alabanzas. ¿Reciclas o trabajas en favor del medio ambiente? ¿Cuidas a alguna persona o realizas tareas benéficas? Recordarte que eres un ser humano con valores puede suponer una estupenda bocanada de aire antes de una entrevista.

Gestionar la confianza

La confianza es la base de la autoestima, pero si bien parece que ésta se puede «arreglar», es muy probable que tus niveles de confianza fluctúen en función de la ocasión o de la persona con la que trates. El *exceso* de confianza puede ser perjudicial y destructivo si provoca el tipo de arrogancia que te impide prepararte y trabajar duro para destacar. La *buena* confianza es aquella que te permite pensar y comunicarte de manera que puedas venderte desde una perspectiva positiva.

¿Qué es la confianza? En cierta manera, es un engaño. La mayoría de la gente adolece de falta de confianza, pero a algunas personas se les da mejor que a otras ocultar su timidez y su falta de seguridad en sí mismas. En los grandes momentos de interpretación de la vida, como una entrevista de trabajo, tus niveles de confianza tienen que ser medidos en una escala variable. ¿En qué medida te pones nervioso/sientes ansiedad/se te remueve el estómago por el estrés?

Puntúate en una escala del 1 al 10: el 1 equivale a estar tranquilo y relajado, y el 10 sería algo del tipo «Podría morderme las uñas hasta dejarme los dedos como muñones y después me comería las de los pies de postre».

Si te puntúas con un 11, estás en el lugar adecuado (leyendo este libro), aunque también podrías responder que depende de quién te entreviste, para qué trabajo y cuánto te juegas. Algunos entrevistadores hacen todo lo posible por ayudar al candidato a relajarse porque saben que es la mejor manera de conseguir información honesta. Otros son claramente seguidores del viejo manual de técnicas de interrogatorio del Servicio Secreto de Inteligencia. La buena noticia es que no importa, puesto que las siguientes páginas contienen muy buenos consejos para superar el estrés y los nervios, y someterse a cualquier entrevista con la máxima confianza.

Te falta confianza si:

■ detestas la idea de permanecer en una sala llena de desconocidos durante una entrevista o una presentación;
■ tiendes a entrar en calor a medida que avanzas (la idea de estar con desconocidos es lo que te pone nervioso);
■ tiendes a tartamudear o a sentirte cohibido durante las entrevistas;
■ te alegras cuando la entrevista acaba lo antes posible aunque no tengas tiempo de exponer todos tus puntos fuertes;
■ te cuesta mantener el contacto ocular con el entrevistador;
■ estás muy callado o hablas mucho sin decir nada.

- te das cuenta de que metes la pata, pero te sientes incapaz de mantener la boca cerrada;
- te olvidas de sonreír;
- tu apretón de manos es frío;
- te sientes torpe durante la entrevista;
- sabes que eres bueno en tu trabajo, pero te cuesta transmitir ese mensaje.

El triángulo de la confianza

Se trata de una guía sencilla sobre la manera en que tu mente produce confianza o carece de ella.

El triángulo de la confianza

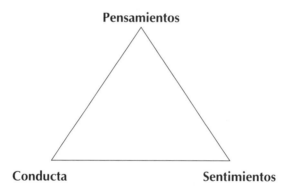

- **Fase 1:** tienes un pensamiento en la cabeza. Se acerca una entrevista. Tu pensamiento es, por ejemplo: «Nunca me salen bien las entrevistas».
- **Fase 2:** ese pensamiento se convierte en sentimientos. Ya intuyes que un pensamiento como ése va a influir de manera decisiva en los sentimientos de confianza. Si te dices que no te salen bien las entrevistas, es muy probable que sufras de cierto grado de nerviosismo y ansiedad. Aquí entra en juego tu sistema de supervivencia. Y es sorprendentemente sencillo. Si di-

cho sistema empieza a sentir que la ansiedad va en aumento, asume que te persigue un oso o un león, o algún equivalente prehistórico. En la sección sobre el estrés podrás leer qué pasa con esta respuesta de lucha y huida, pero de momento diremos que empezarás a tener miedo.

■ **Fase 3:** aunque un grado leve de ansiedad o nervios puede producir resultados muy satisfactorios en cualquier situación, ya sea una entrevista de trabajo, ya una representación teatral en un gran escenario, es probable que el miedo te cause problemas. Cuando aparezca por sorpresa durante la entrevista, confirmará tu pensamiento original («Nunca me salen bien las entrevistas») y te resultará todavía más difícil enfrentarte a él. Y así comienza de nuevo todo el proceso; cada vuelta al triángulo empeora más y más las cosas.

Sé de qué hablo cuando me refiero al miedo, porque hace muy poco me enfrenté a él. Tentada ante la idea de que «sería divertido», acepté participar en *Celebrity Weakest Link*. Si no conoces el programa, te diré que consiste en responder preguntas de cultura general y recibir una cascada de insultos de Anne Robinson. Aunque en televisión nunca me pongo excesivamente nerviosa, me di cuenta de que para estar frente a Anne no me hubiesen ido mal unas bragas contra la incontinencia. El efecto del miedo sobre mi capacidad intelectual fue enorme. Tuve que recurrir a todos mis conocimientos y experiencia sobre entrenamiento en confianza y en agilidad mental para responder preguntas tan sencillas como «¿Cómo te llamas?» y «¿A qué te dedicas?». El hecho de que no me eliminasen en la primera ronda demuestra que los consejos que estoy a punto de darte funcionan.

Activadores instantáneos de la confianza

Rompe la cadena **pensamiento-sentimiento-conducta** introduciendo cambios en cualquier punto del triángulo. Cambia tus pensamientos. Planta cara a tus sentimientos. Cambia tu conducta o «estado».

La manera más rápida de cambiar tus pensamientos consiste en crear afirmaciones positivas. Invéntate algunos lemas y repítelos una y otra vez. Por ejemplo:

- Me encantan las entrevistas.
- Sé que puedo hacerlo bien.
- Se me dan bien estas cosas.
- Estoy tranquilo, me siento seguro de mí mismo y tengo el control.

¿Parece demasiado fácil? Entonces no hay motivo para no probar, ¿no? Esos mensajes se dirigirán a tu mente consciente si los repites una y otra vez. De lo contrario, sólo bombardearás tu subconsciente con mensajes del tipo «Temo que llegue ese momento», que incrementarán tu ansiedad.

Esos nuevos pensamientos deberían influir en tus sentimientos, pero también puedes añadir algunos ejercicios a la mezcla para enriquecerla. Inspira poco a poco, mantén el aire un segundo y suéltalo todo. Vacía tus pulmones. Y de paso, mientras sacas todo el aire, deshazte de la ansiedad.

Otra posibilidad es cambiar tu conducta cambiando tu estado. Me refiero a tu aspecto. Tu lenguaje corporal no tiene exclusivamente una proyección exterior; en gran medida, envía numerosas señales de percepción interna que pueden incrementar tu falta de confianza. Estírate y sonríe. Y después ríe. A continuación, ríete de que te estás riendo. (**Nota:** no hagas ninguna de estas dos últimas cosas delante del entrevistador. Pensará que necesitas más un exorcista que un puesto de trabajo.)

Entre mis alumnos figuran entrenadores olímpicos, y ellos *entrenan* a sus equipos para que gestionen la falta de confianza diciéndoles lo siguiente:

Cuando sientas mariposas en el estómago,
no intentes librarte de ellas: ponlas a volar en formación.

No te esfuerces en intentar no parecer nervioso; es una emoción natural en una situación como una entrevista. Lo mejor es aprovechar los nervios para conseguir mejores resultados. La adrenalina es algo maravilloso si sabes controlarla.

Imagina que eres otra persona. Es un ejercicio estupendo. Asistirás a la entrevista siendo *tú*, pero eso no significa que no puedas ayudarte un poco con algún tipo de juego de rol mental. ¿Conoces a alguien valiente y seguro de sí mismo? ¿A alguien que se reiría delante del entrevistador y permanecería impasible ante la idea de responder a algunas preguntas implacables? Elige a tu personaje y adopta parte de su atrevimiento. Yo me inspiro en Emma Peel, de *Los vengadores*. A lo mejor tú prefieres a Bear Grylls o a Superman. Tú decides. (**Nota:** por favor, no lleves este juego de rol más allá de un simple «préstamo» de valentía de tu personaje. Nada de disfraces; no estás en *Lluvia de estrellas*.)

Afrontar la timidez

¿Eres tímido? ¿O padeces timidez intermitente?

La timidez puede parecer una respuesta infantil, pero afecta a algunos adultos a lo largo de toda su vida. Muchos de ellos se mantienen en puestos importantes que implican un trato constante con otras personas. ¡Qué raro! La timidez resulta habitual en profesiones con notoriedad, como los actores, y no es nada raro encontrar a un gran actor que lo da todo en el escenario pero es incapaz de mirar a los ojos o de hablar sin trabarse durante un acto social. La timidez social puede resultar molesta e incómoda, pero la timidez en una entrevista puede ser mucho más grave. Cierto nivel de timidez durante una entrevista es normal, pero si tu timidez te impide comunicarte de manera eficaz, ¡tienes que deshacerte de ella!

La timidez es una respuesta natural animal de miedo ante otros animales desconocidos. En el reino animal, ese miedo puede servir para salvar la vida, pero en una entrevista de trabajo es poco probable que el entrevistador tenga la intención de desgarrarte el esófago de un mordisco.

Yo he sido tímida toda mi vida, y creo que la timidez en los adultos es una muestra de vanidad. Es como dar por sentado que todo el mundo se ha dado cuenta de tu presencia. Una persona tímida que entra en una fiesta sufre porque «*todo el mundo me está mirando*». ¿Seguro? ¿Por qué crees que destacas tanto? Aprendí muy rápido que la mayoría de la gente repara en nosotros mucho menos de lo que pensamos. De hecho, la persona tímida suele ser la que va vestida o se comporta de una manera determinada para llamar la atención. O elige una profesión que la obliga a actuar ante el público.

Sabrás que eres tímido si:

- tus amigos te describen como una persona «callada»;
- a menudo te ocurre que quieres expresarte sin miedo pero tiendes a analizar en exceso cualquier posible respuesta a tus palabras y decides mantener la boca cerrada;
- en los actos sociales te sientes como Alicia en el País de las Maravillas después de crecer desmesuradamente;
- conoces a alguien y te gustaría hablar con esa persona, o te sientes atraído por alguien y deseas entablar una conversación, pero no te atreves;
- tiendes a dejar que tu pareja/madre/amigo hable en tu lugar;
- las conversaciones con desconocidos tienden a agotarse después de un par de preguntas o comentarios;
- sientes que te gustaría ser invisible para poder disfrutar sin tener que relacionarte.

La buena noticia es que la timidez es una opción, no una imposición. Se trata de una de las conductas más fáciles de cambiar. ¿Cómo? Muy sencillo:

¡Deja de *actuar* con timidez!

Lo sé por experiencia. Todavía me siento tímida, pero ya no lo parezco ni hablo con timidez. La timidez puede tratarse como una indigestión: identifica cuándo aparece y toma medidas para hacerla desaparecer.

El comportamiento y el pensamiento tímidos se parecen un poco a un disfraz o una prenda de ropa: puedes decidir ponértela o no. Todos aprendemos patrones de respuestas a los estímulos desde el día en que nacemos, y la timidez, con su respuesta de «Estate quieto, cállate y no hagas nada aparte de ruborizarte», probablemente te habrá resultado útil en algún momento.

La timidez incluso puede provocar síntomas que te hagan más atractivo ante el sexo opuesto: bajar la cabeza, sonrisa nerviosa, movimiento rápido de las pestañas y desvío de la mirada. Algunas personas tímidas parecen adorables, y existen celebridades femeninas que adoptan con frecuencia los síntomas visuales de la timidez para parecer más atractivas: Paris Hilton, Carla Bruni, Naomi Campbell, Madonna y Claudia Schiffer son sólo algunos de los nombres que me vienen a la cabeza cuando pienso en las muestras de timidez que responden a la actitud «Fíngelo hasta que parezca real».

Si analizas esos síntomas, verás que no te hacen ningún bien en una entrevista de trabajo. Parecer un ser encantador, caprichoso, apocado, callado, que permanece quieto en su silla... ¿Realmente recomendarías ese comportamiento como táctica para emprender una carrera brillante?

Consejos para afrontar tu timidez

Deja de decir que eres tímido. Cuando se lo dices a los demás, te lo dices también a ti. Si quieres cambiar la percepción que tienes de ti mismo, es un primer paso imprescindible.

Visualízate siendo tímido durante una entrevista. Olvida tus sentimientos, fíjate sólo en el comportamiento. ¿Qué haces? ¿Qué aspecto tienes? ¿Qué tono de voz utilizas?

Ésos son los síntomas que debes tratar. Sentirse tímido pero no parecerlo es un buen objetivo para empezar.

Ahora visualízate como una persona sin timidez. Destilas carisma y la capacidad de comunicarte de manera inmediata y fácil. Quieres hablar y que te escuchen. ¿Qué aspecto tiene este «tú»? ¿Qué hace? ¿Qué dice? No dejes de observar y aprender. Éste es el «tú» que tienes que llevar a las entrevistas.

Crea un lenguaje corporal de «no tímido» (echa un vistazo al capítulo 6) y también algunas frases en la misma línea. Tal vez te suene a prepararse un guión visual y verbal, pero te prometo que saber cómo sentarse y tener un par de buenas frases en la cabeza para romper el hielo te supondrá una gran ventaja.

Imagina que el entrevistador también es tímido. Las personas más influyentes pueden sentirse tan tímidas como tú, lo que pasa es que se les da mejor disimular los síntomas.

Comienza tus frases en primera persona; por ejemplo: «Estoy encantado de tener esta oportunidad de conocerle/de que me tengan en cuenta para el puesto», o «He disfrutado del trayecto hasta aquí/del café/del reto». Son afirmaciones activas. Las personas tímidas tienden a utilizar afirmaciones pasivas que surgen únicamente como respuesta a las preguntas, por ejemplo:

■ **Entrevistador:** ¿Cómo le ha ido el trayecto hasta aquí?
■ **Candidato tímido:** Bien, gracias.

Gestionar el estrés

El estrés es un problema muy «popular». Muchas personas se autodiagnostican estrés, aunque muy pocas entienden de qué se trata realmente. El estrés se relaciona con el miedo, la ansiedad y el pánico, pero el miedo no tiene por qué provocar estrés.

Si pasas por una etapa de falta de sueño o sientes ansiedad porque se acerca una entrevista, es poco probable que se trate de estrés. Si, en cambio, el problema es recurrente y afecta a otras áreas de tu vida, podría haber llegado el momento de realizar una breve revisión de tu nivel de estrés.

En muchos aspectos, el estrés es una respuesta a los problemas perfectamente natural y deseable. Forma parte de tu mecanismo de lucha y huida, y puede salvarte la vida en caso de amenaza o ataque. El estrés puede afectarte de tres maneras:

1. **Físicamente:** síntomas que abarcan desde dolor de cabeza, indigestión, palpitaciones y sudor hasta problemas cardíacos y alteración del sistema inmunológico.
2. **Intelectualmente:** dificulta la concentración.
3. **Emocionalmente:** provoca irritabilidad, llanto y sentimiento de miedo.

¡Hasta aquí, nada bueno!

Y ahora la buena noticia: si estuvieses en un aprieto (por ejemplo, acorralado por un león), tu respuesta de estrés te haría ser más rápido y más fuerte. Tu respiración se tornaría más superficial y más frecuente; el pulso se aceleraría, la piel comenzaría a sudar, se te tensarían los músculos, el sistema digestivo se tomaría un descanso y los intestinos y la vejiga empezarían a vaciarse. Respuestas positivas en el caso del león, ya que te convertirías en una máquina de luchar (o de correr) de puro músculo. En el caso de una entrevista de trabajo, algunos de esos síntomas pensados para salvarte la vida no son precisamente deseables. La hiperventilación, las palpitaciones, las manos sudorosas, las mandíbulas apretadas, los mareos, la indigestión y el deseo de llegar a un lavabo cuanto antes no son las mejores ayudas para garantizarte que consigas ese trabajo ideal o ese ascenso.

Explicado así, el estrés parece debilitante. Y lo es. ¿Cómo puedes afrontarlo en la fase previa a una entrevista?

A diferencia de la ansiedad o el miedo leves que puede provocar la idea de una entrevista, el estrés tiende a ser una respuesta habitual que probablemente se habrá ido acumulando con el tiempo y que está relacionada con causas y desencadenantes que no tienen nada que ver con la entrevista. En muchos aspectos, la acumulación de estrés es como un bagaje que va aumentando con cada situación difícil a la que nos enfrentamos. Aunque suele comenzar a raíz de un tema vital importante, los desencadenantes de las respuestas de estrés pueden ser cada vez más pequeños. Al final sientes que hasta el detalle más insignificante te afecta.

No todos nos estresamos por las mismas cosas. Puedes superar un hecho muy difícil o traumático con relativa facilidad y estresarte por perder el teléfono móvil o por tener que comprar un regalo de cumpleaños. Cada uno tiene su propio nivel individual de exceso de estrés. A algunas personas les gusta el drama; otras prefieren una vida tranquila. Hay quien se crece ante las presiones y quienes se colapsan en esas mismas circunstancias. No existe razón alguna para pensar que tu entrevista te provocará estrés, así que no seas un hipocondríaco. Si empiezas a estresarte en exceso, necesitas abordar el problema cuanto antes.

El estrés es complejo, de acuerdo, pero la «cura» es relativamente sencilla. El estrés aparece cuando la mente puede más que el cuerpo, es decir, cuando el cerebro envía las señales erróneas a tu cuerpo. Piensas en algo que no supone una amenaza para tu vida, como la entrevista, y le dices a tu cuerpo que sí lo es, lo que hace que se ponga en alerta.

Lo más probable es que sufras de estrés si:

- padeces de insomnio con frecuencia la noche antes de una entrevista;
- padeces síntomas físicos, como dolor de cabeza, temblor de manos, palpitaciones o mareo;
- sientes ganas de llorar o estás irritable antes de una entrevista;
- tiendes a quedarte en blanco durante las entrevistas (a veces ni siquiera entiendes bien las preguntas);
- olvidas datos sencillos sobre ti mismo, como los nombres de tus anteriores jefes;
- experimentas sentimientos catastróficos acerca de la entrevista;
- permites que hechos que no vienen al caso te hagan llegar tar-

de a una entrevista: por ejemplo, dudar sobre qué te vas a poner, perder las llaves del coche o volver a casa a toda prisa porque crees que te has dejado la plancha enchufada.

Gestionar los niveles de estrés

Tienes que solucionar el problema de raíz, lo que significa que es preciso que empieces a replantearte tus percepciones. La entrevista no supone una amenaza. No es un león comehombres. Resulta un desafío, es abrumadora, te pone nervioso, es preocupante, aburrida, importante, desesperadamente importante o cualquiera de las cosas anteriores, pero no vas a perder la vida ni ninguna de tus extremidades. Recuérdalo. Repítelo una y otra vez: «No es un león».

Crea una **voz líder** en tu cabeza para controlar tus pensamientos. Escribe los mensajes que quieres escuchar el día de la entrevista y haz que tu voz líder te los repita.

Crea un **pequeño libro de la locura** durante los días previos a la entrevista. Se trata de un cuaderno de notas que debes llevar siempre encima para escribir todos los pensamientos negativos o de temor. Ponlo en la mesita de noche y escribe lo que te pase por la cabeza si no puedes dormir. Incluso puedes llevarlo a la entrevista para escribir en él hasta el momento antes de entrar en las oficinas. Este método ayuda a conseguir lo que los psicólogos denominan «cierre». Tu cerebro sentirá que ha tratado el problema mediante la descarga de la crecida emocional.

Busca maneras de recordarte que hay otras cosas más importantes en la vida. Tu mente está dando a las cosas una proporción desmesurada. Una entrevista es importante, pero no como para producir esos sentimientos negativos. Es sólo un momento en tu vida, no tu vida.

Mentalmente, bautiza a tu entrevistador o entrevistadores con nombres divertidos. Que sea algo absurdo, no un nombre negativo ni que inspire temor. Coloca algún objeto divertido y ridículo junto al despertador antes de irte a dormir.

Contempla algo alegre y divertido antes de acostarte la noche anterior a la entrevista. Lo último que veas o leas influirá en la naturaleza de tus sueños y de tu descanso nocturno. Evita los libros sobre negocios o cualquier lectura pesada o deprimente. Unos dibujos animados o una de tus comedias favoritas te ayudarán a conseguir el estado de ánimo adecuado.

Acabar con la adicción al fracaso

¿Adicción al fracaso? Sí, es más habitual de lo que podrías imaginar. El problema del fracaso es que puede empezar a resultar cómodo porque uno se familiariza con él. Si tu pasado está lleno de momentos que has etiquetado como «fracasos», podrías acercarte de nuevo a ese estado de manera inconsciente. No subestimes el poder tentador de la familiaridad. Casi siempre es la opción fácil y la que se considera más segura, aunque nuestra mente consciente luche y desee el éxito.

La perspectiva del éxito parece estupenda, pero a algunas personas les da miedo. Es lo que se conoce como **síndrome de la amapola alta** (he escrito un libro sobre el tema). Se trata de un extraño pero habitual proceso de autoataque según el cual un temor profundo al cambio o a los retos como consecuencia del éxito puede llevarnos a evitar que éste ocurra.

La fórmula sería más o menos la siguiente:

- ■ **¿Qué pasa si me sale bien?** Empezar un trabajo nuevo con los consiguientes retos desconocidos... Un gran cambio de vida... Nuevas responsabilidades que pueden resultar estresantes... Alejamiento de la familia y de los amigos debido a las nuevas responsabilidades.
- ■ **¿Qué pasa si me sale mal?** Me decepciono y los demás son agradables conmigo... Apoyo y ánimos de la familia y los amigos... Ningún cambio en mis circunstancias actuales... Continúo como estoy.

Sé que todas estas circunstancias son meras suposiciones, pero tu subconsciente puede creerlas.

Sabrás que eres adicto al fracaso si:

- te despiertas preocupado sobre qué harás si **te ofrecen** el puesto;
- prepararte para la entrevista hace que tu ansiedad aumente: es mejor improvisar y ver qué pasa;
- no haces nada para cambiar tu estado aunque no recibas ofertas a raíz de tus primeras entrevistas;
- te contentas con culpar a los demás de tu falta de éxito;
- te niegas a imaginarte consiguiendo el trabajo o el ascenso porque eso hará que las cosas resulten más difíciles;
- prefieres mantener tus expectativas bajas, de manera que cualquier logro sea una agradable sorpresa;
- tienes intención de investigar sobre la empresa o estudiar las preguntas potenciales, pero siempre falla algo, no te envían el manual de la empresa que solicitaste o tu ordenador se niega a conectarse a internet en el último momento;
- tiendes a ponerte enfermo o a ser «propenso a los accidentes» cuando tienes a la vista una entrevista;
- apenas planificas el trayecto y casi siempre llegas tarde;
- tiendes a llegar a la entrevista con los dedos cruzados, deseando que no te pregunten por ese vacío en tu currículum;
- no tienes la más mínima conciencia de tu lenguaje corporal durante la entrevista: prefieres no pensar a sentirte incómodo y consciente de ti mismo;
- crees que caerás bien por tu sentido del humor;
- crees a los amigos que te aconsejan que mientas sobre tus aficiones e intereses;
- te tomas algo antes de entrar a la entrevista para calmar los nervios.

Sé honesto: ¿alguna de esas situaciones te resulta familiar?

GESTIONA LA ADICCIÓN AL FRACASO

Escribe una lista de todas las cosas positivas que sucederían si tuvieses éxito.

Escribe otra lista con todas las razones por las que *mereces* tener éxito.

Dibuja un círculo grande en un papel, y a continuación dibújate dentro del círculo. Eres tú dentro de una burbuja de bienestar. Analiza qué sientes estando ahí dentro; incluye pensamientos del tipo «seguro», «aburrido», «feliz» o «deprimido».

Ahora dibuja un círculo más grande encima del primero. Es tu burbuja del éxito. Para entrar en ella tienes que pasar por ciertas incomodidades, pero eso es todo lo que los sentimientos van a provocar: una leve incomodidad. Cuando estés en tu nuevo trabajo y seas consciente de lo que has logrado, te encontrarás en esa nueva burbuja de bienestar, que está muy lejos de la primera pero sigue siendo cómoda. Una vez allí, puedes avanzar hasta la siguiente burbuja. La cuestión es que a medida que sigues subiendo, los inconvenientes desaparecen y tú avanzas y creces.

Prohíbete el uso de diálogos que te preparan para el fracaso: «Sé que todos los demás candidatos estarán mejor preparados/tendrán más experiencia que yo». Cada vez que un pensamiento de expectativas negativas como ése aparezca en tu cabeza, deshazte de él y crea uno nuevo, positivo, que ocupe su lugar.

No compartas tu desánimo con tu familia y tus amigos con la esperanza de que te animen o intenten hacerte cambiar de opinión. Los pensamientos negativos son como el film transparente: se estiran para abarcar la mayor zona posible. Probablemente, terminarás deprimiendo a todo el mundo.

Por último, vas a enviarte los siguientes mensajes vitales:

- **¡Nada de excusas!** Si has creado una lista mental de excusas endebles por las que vas a fracasar, ¡elimínala ahora mismo! ¡Las excusas son para los cobardes! Ten una charla seria contigo mismo.
- **¡Nada de quejas!** ¿Alguna vez has oído el mantra que se supone que pronuncia la familia real inglesa ante las críticas y las adversidades? «¡Nunca te quejes, nunca des explicaciones!» Como mínimo, quédate con la primera parte.
- **Las quejas cansan y son contagiosas.** Pueden parecer terapéuticas, pero te aseguro que no lo son, sobre todo si se repiten continuamente. ¿Alguna vez te caíste en el parque y te hiciste una herida en la rodilla? ¿Se te formó una costra? ¿Qué te decía tu madre? «Si te la arrancas, no se curará.» Las quejas son como arrancarse una costra: impiden que te cures y que avances.

EN RESUMEN

- Planta cara a tu yo «reflejado»: ¿por qué ser el resultado de las percepciones de otras personas?
- Trabaja en tu aspecto, tu capacidad y tu fuerza.
- Cambia uno de los vértices de tu triángulo de la confianza.
- Crea tu **voz líder** para controlar tus pensamientos en situaciones difíciles.
- Anímate con **afirmaciones positivas.**
- ¡Nada de excusas ni de quejas!
- Pon a volar en formación las mariposas de tu estómago.

5 GESTIONAR EL RECHAZO

¿Ya? ¿Antes de la primera entrevista? ¿No seré culpable de pensamiento negativo?

El hecho es que se trata del mejor momento para fortalecer tu sistema inmune al rechazo: aunque hubieras preferido haber realizado una entrevista brillante que te permitiera obtener una oferta de trabajo, una negativa no te hará entrar en una espiral de retroceso. Este capítulo te ayudará a reforzar tus capacidades de automotivación:

- recuperando el control de tus emociones y tus respuestas;
- aprendiendo a «encogerte de hombros» en lugar de quedarte chafado ante un rechazo;
- evitando las reacciones inútiles, como la negación o la culpabilización a terceros;
- investigando por qué las cosas no han salido bien;
- planificando cambios para asegurarte de tener éxito la próxima vez.

Quien algo quiere algo le cuesta

Por desgracia, no todo el mundo piensa que somos tan maravillosos como *nosotros* pensamos, y no todos los trabajos que se ofrecen se ajustan a nuestros talentos o habilidades. Seguramente, a estas alturas ya sabrás (sobre todo si ya has empezado a buscar trabajo o estás en tu segundo o tercer empleo) que el rechazo no forma parte del proceso de selección. No es una parte *agradable* (¡los masoquistas sólo tienen que pedirlo!), pero como reza el dicho:

«Lo que no me mata me hace más fuerte».

(Aunque está claro que el creador de esta máxima no llegó a probar ninguno de mis platos.)

Esto significa que vas a tener que aprender a enfrentarte a un posible rechazo o incluso a varios. El rechazo separa a los ratones de los hombres: o bien lo aceptas y lo empleas como una herramienta para mejorar, o te rindes y te escondes en un rincón. Reciclar el rechazo (es decir, eludir el golpe sufrido por tu ego al tiempo que aprendes a apreciar la parte lógica y provechosa de la experiencia) es la ruta por la que optamos en este libro. Al aceptar las cosas tal como son, tomas el control emocional de tu propio destino en lugar de permitirte caer en la desmotivación y la falta de energía, o incluso en una desorientación en lo referente a la confianza y la autoestima.

Estímulo y respuesta

Pongamos el rechazo en su contexto. Recuerda siempre que lo que te ocurre es sólo un estímulo. Aunque no puedas controlar el **estímulo** (no consigues uno o más trabajos), siempre puedes dedicar las energías y los esfuerzos a tomar el control de tu **respuesta.** Tanto si te lo parece como si no, tú decides cómo responder a hechos como el rechazo. Nadie debería tener suficiente control sobre tu vida como para hacer que eches por tierra tus siguientes entrevistas con pensamientos y comportamientos negativos o inútiles. Cuando dejes de hacer un esfuerzo o empieces a temer tu próxima entrevista, significará que has permitido que un entrevistador o una experiencia negativa en alguna entrevista controlen tu vida en exceso. ¡Empieza a restarles importancia!

Cómo restar importancia

Restar importancia al rechazo es un talento útil, pero antes de descubrir cómo llevarlo a la práctica debo advertirte una cosa.

¡No te pases!

¿A qué me refiero? Seguro que alguna vez has visto cómo alguno de los concursantes de esos programas que buscan talentos restan importancia al rechazo y se marchan vociferando a los jueces «¡Lo vas a lamentar, volveré y verás quién soy!», mientras el público grita desde sus casas: «¡No, de eso nada, eres una porquería!». El exceso de confianza y la arrogancia pueden ser tan nefastos como la falta de autoestima, sobre todo si van unidos a una ausencia total de talento o potencial (por eso es necesario que todas las afirmaciones que hagas en tu currículum o durante la entrevista acerca de *tus* talentos y tus capacidades vayan acompañadas de pruebas). Ver a los candidatos de programas como *El aprendiz*, con sus afirmaciones exageradas del tipo «Soy el mejor comercial del país» o «Yo sólo consigo éxitos, la palabra "fracaso" no existe para mí», resulta divertido cuando van quedando eliminados uno detrás de otro. De toda esta orgía de arrogancia deberías extraer una lección importante sobre tus niveles de confianza frente a la arrogancia vacía. La autoestima exagerada conduce a la negación del rechazo, lo que significa que no harás ningún esfuerzo por cambiar o mejorar. Es imprescindible que tus esfuerzos para reforzar tu ego dañado no incluyan la falta de una visión objetiva que te lleve a hacerlo mejor la próxima vez.

Hacer que funcione el hecho de restar importancia

También hemos visto el caso de Darius Danesh, la estrella del pop que fue rechazada por los jueces del programa en la primera ronda y regresó (para cosechar un gran éxito) después de aprender y mejorar. Darius posee un talento genuino, de manera que su acto de ostentación al afirmar que conseguiría un número uno a pesar de haber sido rechazado no se basó en aspiraciones totalmente infundadas. El muchacho sabía cantar y participó en otro programa para demostrarlo a todo el país. Las críticas recogidas tras el primer programa le sirvieron para cambiar su imagen y su manera de hacer en lugar de quedarse sentado en su cuarto lloriqueando y de mal humor.

El rechazo te enseña una lección entre dos posibles: puedes creer que deberías rendirte porque no eres lo suficientemente bueno, o puedes averiguar qué ha ido mal e intentar mejorar o probar suerte en otro sitio.

El problema es que el rechazo puede suponer un duro golpe para tu autoestima. No obstante, debes recordar lo siguiente: los entrevistadores no te han rechazado a *ti*, sólo te han descartado para ese puesto concreto.

Cómo funciona el rechazo desde la perspectiva del entrevistador

¿Te has preguntado alguna vez cómo funciona exactamente el proceso de rechazo? El ejemplo que utilizo siempre es el de un proceso de selección en el que participé para buscar a un presentador que trabajase conmigo en un vídeo de formación. Yo formaba parte del equipo que realizaba la entrevista, pero también era la persona que tenía que tomar la decisión.

Vimos a veinte candidatos.

- De esos veinte, ninguno fue rechazado por ser una «porquería».
- Uno no fue seleccionado porque tenía *demasiado* buen aspecto.
- Uno poseía una cara demasiado conocida en televisión.
- Uno era demasiado bueno y tenía que trabajar conmigo (¡que no soy muy buena!).

¿Fueron informados esos tres candidatos sobre los motivos por los que los rechazamos? En un principio no, aunque me acordé de decírselo cuando dejé el «modo entrevistador» y entré en el «modo empatía». ¿Qué crees que pensó el «señor demasiado conocido» sobre el hecho de ser rechazado para un trabajo sin mayor importancia como un vídeo de formación? ¿Qué pasaría por su mente? Compara sus pensamientos con los que podrías tener tú después de ser rechazado. Que no te seleccionen para un trabajo sencillo, o incluso estúpido, resulta más frustrante que ser rechazado para un puesto importante. Más o menos, es como se sentiría Madonna si John McCririck la rechazase para una cita. Estoy segura de que aquel maravilloso, famoso y totalmente cualificado actor se sintió destrozado en secreto. Lo cierto es que cualquiera de los candidatos válidos rechazados podrían haber sentido lo mismo. Y lo que tú debes aprender es que no eran una «porquería», ni mucho menos. Aquellos chicos estaban tan lejos de ser «porquería» como McCririck está lejos de Brad Pitt.

Aquellos chicos eran buenos. Tú también. Todos tenían sus puntos fuertes, sus talentos y sus capacidades, cada uno con su propio envoltorio. Sólo que no eran adecuados para *aquel* trabajo. No olvides esto. Aunque no participes en *castings* para teatro, el sentimiento es el mismo.

Después de cualquier entrevista, deberías:

- analizar tu participación;
- repasar tus cualificaciones: ¿encajaban con el trabajo?;
- repasar tu nivel de experiencia: ¿buscaban experiencia en algún campo concreto y yo no la tengo?;
- pedir la opinión de la empresa.

Después de seguir estos pasos podrás empezar a reactivar tu confianza y tu autoestima. Y eso se consigue entendiendo cómo funciona el cerebro en el control de las emociones.

Mecanismos de defensa

Probablemente, tu cerebro afrontará el mal trago del rechazo de la manera ilógica, sin ni siquiera ser consciente de lo que está ocurriendo. Es la teoría freudiana de los **mecanismos de defensa** (¡y hablo de Sigmund, no de Clement!).

¿Freud? ¿En un libro sobre técnicas para superar entrevistas de trabajo? Pues sí, Freud. Déjame explicarte por qué. El rechazo de cualquier tipo puede provocar respuestas bastante extrañas, algunas de las cuales son capaces de impedirte avanzar de forma positiva hacia tu siguiente tanda de entrevistas. Freud definió lo que denominaba «mecanismos de defensa», aplicados en su mayoría a los traumas. El rechazo en una entrevista de trabajo puede convertirse en un pequeño trauma. Por eso no está de más entender los mecanismos a los que puede recurrir tu cerebro para enfrentarse a él. A la mente se le da muy bien proteger tu ego. Para hacerlo, a veces es capaz de cualquier cosa con el fin de repeler un ataque o de repararlo cuando el ataque se ha producido. En este caso, el ataque al ego es el hecho de que te has ofrecido a una empresa y ellos han decidido rechazarte. La protección del ego puede adoptar muchas formas, pero yo quiero que pienses en las siguientes:

- **Represión:** mantener el rechazo fuera de tu pensamiento consciente (es decir, ignorarlo).
- **Negación:** negarse a aceptar el hecho de que te han rechazado.
- **Racionalización:** buscar una excusa más aceptable para tu ego, pero totalmente incierta.
- **Regresión:** comportarse de manera infantil como respuesta al rechazo.

¿Te resulta remotamente familiar alguna de estas reacciones? ¿Alguna vez te has enfrentado al rechazo en un proceso de selección con alguno de los siguientes pensamientos?:

■ «Ellos ya sabían a quién querían.»
■ «Creo que ni siquiera existía un puesto de trabajo, que sólo han cumplido con los formalismos.»
■ «Diría que no les he caído bien desde el instante en que he entrado por la puerta.»
■ «La entrevistadora la ha tomado conmigo porque soy más atractiva y se ha sentido amenazada.»
■ «Pueden meterse el puesto por donde les quepa.»
■ «Si me lo hubiesen ofrecido, no habría aceptado.»
■ «Creo que se han sentido amenazados por mí; está claro que sé más que el entrevistador sobre el trabajo.»
■ «Creo que mi anterior jefe debe de haberse puesto en contacto con la empresa y ha arruinado mis posibilidades. Sé que las referencias eran buenas, pero me pregunto si les habrá contado algo sobre mí.»
■ «Sabía que no debía llevar aquella corbata que eligió mi mujer.»
■ «Nunca jamás en la vida pienso asistir a otra entrevista.»

Descubrir la verdad

Aunque resulta esencial que conserves intactos la autoestima, la confianza y el ego durante el proceso de selección, incluso si eso implica sentarse cada noche con un bote de pegamento y un rollo enorme de esparadrapo, también es fundamental que seas capaz de valorar tu «actuación» con la mayor objetividad posible.

Si optas por seguir el camino de los mecanismos de defensa de Freud, tal vez descubras que dejas al margen aspectos que deberías cambiar. Por ejemplo, ¿cómo te ayudaría un estado de negación si fracasases en todas tus citas por tus problemas de higiene personal?

93

- ¿Ignorarías lo que te dicen y seguirías sin utilizar desodorante? (al fin y al cabo, hay más peces en el mar).
- ¿O te darías una ducha, te pondrías un antitranspirante y volverías a la carga?

Ante los rechazos es bueno tomar las medidas adecuadas para proteger tu autoestima. Pero es malo hacerlo hasta el punto de ser incapaz de valorar la situación e introducir los cambios necesarios.

Si te rechaza una empresa, te resultará muy útil sentarte ante una hoja de papel y responder a la siguiente pregunta:

¿Qué es lo que ha ido mal?

¿Ha sido la entrevista?

- ¿Lo que se ha dicho?
- ¿Lo que se ha preguntado?
- ¿Mis respuestas?
- ¿Cómo me sentía?
- ¿La aparente reacción del entrevistador a mis respuestas?
- ¿Ha habido momentos en los que he sentido que mi intervención se hundía?
- ¿Ha habido preguntas que podría haber gestionado mejor?

¿O he sido yo?

- ¿Con qué aspecto me he presentado?
- ¿He ido suficientemente elegante?
- ¿He dado la sensación de encajar con el entorno?
- ¿He sido puntual?
- ¿He transmitido calma y confianza?
- ¿He saludado correctamente?
- ¿He sido correcto en los apretones de manos y he recordado los nombres de los entrevistadores?

- ¿Me he acordado de escuchar más que de hablar?
- ¿He mantenido el contacto ocular?
- ¿Me he acordado de sonreír?
- ¿Qué postura he mantenido en la silla?
- ¿He demostrado buenos modales?
- ¿He hablado de manera clara y concisa?
- ¿He sido capaz de hacerme entender?
- ¿He sabido responder a todas las preguntas?
- ¿He mentido o me he tirado algún farol?
- ¿Me he comportado como si estuviese aterrorizado o me he mostrado perspicaz?
- ¿Encajaba en el puesto para el que me he presentado?
- ¿Les he dado las gracias por recibirme?
- ¿Ha habido preguntas a las que no he sabido muy bien qué contestar?
- ¿Podrían haber sido mejores mis respuestas?
- ¿Qué he aprendido de esta entrevista?

Resulta muy útil ponerse en la piel del entrevistador. En lugar de considerar la entrevista desde tu punto de vista, intenta imaginarla a través de los ojos del entrevistador. Imagina a alguien que no tiene ideas preconcebidas sobre ti. ¿Cómo te evaluaría durante el desarrollo de la entrevista?

Eliminar todas las emociones de un rechazo es difícil, pero imprescindible. Recuerda que la única perspectiva que merece la pena tener en cuenta es una objetiva. Tienes que eliminar la amargura, la ira, la paranoia, la frustración y la tristeza, ya que harán que tu valoración resulte parcial. Deshazte de ellas. Si te sirve de ayuda, primero dale puñetazos a una almohada, pero después ponte a realizar tu análisis sin esas emociones en la cabeza.

¿Cómo puedo mejorar?

Cuando tengas algunas respuestas, pasa a la siguiente pregunta clave: ¿cómo puedo asegurarme de que esto no vuelva a ocurrir? Las tácticas positivas te permitirán aprender del rechazo, pero sólo si eres capaz de responder a esa pregunta con honestidad y sin prejuicios.

Avanza y mejora. Sé estratégico, no estúpido.

Podría ocurrir que llegases a la conclusión de que no hay nada que debas o puedas mejorar antes de tu siguiente entrevista. Si es así, retírate. Si, en cambio, crees que estuviste flojo en una o dos preguntas, o vulnerable en un par de puntos, o que podrías haber ofrecido más, o mostrar más confianza, ¡adelante!

Pregunta a un experto

No tienes por qué limitarte a sentarte y mirarte el ombligo en un intento de averiguar qué ha ido mal. Puedes recabar otras opiniones. Asegúrate de preguntar a algún experto. ¿Quién crees que conoce las verdaderas razones por las que has sido rechazado para un puesto de trabajo?

- Tú.
- La empresa o el entrevistador que te ha rechazado.
- Alguien a quien conoces que ha realizado muchas entrevistas con éxito, con una gran experiencia en comunicación y que escribe libros como éste.
- Tus compañeros.
- Tus padres.
- El taxista.
- El tío ese de la cola del supermercado.

Los tres primeros son los únicos expertos reales en lo que respecta a la información y las opiniones que te interesan. ¿Por qué, entonces, hacemos caso a las opiniones de tantos aficionados? Porque nos dicen lo que *queremos* oír en lugar de lo que *deberíamos* oír, por eso. Aléjate de los falsos expertos, de las personas que de repente parecen la fuente de toda sabiduría. Si eres joven, entiende que ser viejo no convierte a nadie automáticamente en una autoridad. Cuando yo tenía diez años, pensaba que las niñas de doce y medio debían de saber todo lo que hay que saber sobre el sexo y la vida en general, sólo porque eran mayores que yo. Entre clase y clase nos reuníamos en torno a la compañera que repartía la leche. ¡Nos explicaba que los bebés salían por el ombligo!

El hecho de que tu tío, tu vecina o tu pareja tengan una opinión no les convierte en expertos. ¿Alguna vez han protagonizado una entrevista estupenda? Y aunque así fuese, existe un abismo entre hacerlo bien y ser lo suficientemente analítico como para guiar a alguien con el fin de que lo haga bien.

La buena noticia es que ya tienes acceso a dos expertos: tú mismo y este libro. La otra gran noticia es que no hay nada que te impida preguntar a la empresa por qué no has conseguido el puesto.

Una noticia no tan buena es que su respuesta podría no ser totalmente honesta. Probablemente, tendrán mucho tacto respecto a lo que te dicen y cómo te lo dicen. Es posible que hayan visto a cientos de candidatos, aunque deberían haber tomado notas sobre cada uno de ellos. La información de los entrevistadores se parece un poco a los informes del colegio, pero no por ello deja de ser muy valiosa. Puede suponer una auténtica sorpresa para ti, que vaya en un sentido completamente contrario a tus especulaciones y, por tanto, te permita dejar de llamar a la puerta equivocada. O puede que te confirme lo que ya suponías. En cualquier caso, si sigues leyendo encontrarás más consejos sobre cómo pedir opiniones.

Cómo «reciclar» el rechazo

¿Reciclas el papel en el trabajo y en casa? Reciclar un rechazo de trabajo es exactamente lo mismo. Cuando hayas recopilado toda la información posible sobre los motivos por los que no te han ofrecido el puesto, tienes que decidir qué haces exactamente con esa información. ¿Es útil? ¿O más bien tienes que ponerle un cartel que diga «Dejar como está»? Vas a reunir todos los pensamientos y la información y ponerlos en el lugar que les corresponde: en tus «cubos» de reciclaje.

Tíralos: tira los comentarios que ya no puedes o no deseas cambiar. Tal vez hayas tenido un entrevistador pésimo que ha basado su juicio en una valoración injusta. O que hayas descubierto que te faltaba alguna cualificación o capacidad que no tienes posibilidad de adquirir. Es posible que buscasen un nivel de experiencia mayor o más bajo y que no tengas opción de cambiar eso antes de tu próxima entrevista. O que el puesto fuese tan poco apetecible que te haya faltado el deseo de realizar algún cambio para que te ofrezcan algo similar.

Guárdalos: guarda los comentarios en un archivo «pendiente» si hay alguna información sobre algún aspecto que crees que podrías cambiar. Es posible que te hayan dicho algo sobre tus cualidades personales, tus cualificaciones o el enfoque adoptado que sabes que podrías cambiar o mejorar, pero quieres tomar una decisión más meditada. ¿Su valoración es general o específica sobre tu trabajo o tu percepción? Por ejemplo, podría haber ocurrido que solicitases una promoción interna para un puesto importante y que te hubiesen dicho que has perdido la oportunidad porque tu enfoque no era lo suficientemente agresivo o decidido. Sin embargo, es posible que tu visión y tus valores sobre el papel de líder no impliquen ser agresivo o prepotente. Guarda ese pensamiento y considéralo más tarde. A lo mejor quieres probar en otras empresas para ver si comparten la misma opinión, en cuyo caso es posible que quieras volver a analizar la información por si te encuentras lleno de dudas y sin esperanzas.

Recíclalos: son las valoraciones que pueden ayudarte a mejorar, los comentarios de las personas cuyas opiniones valoras o que saben más que tú sobre el tema. Pueden abarcar desde lo sublime hasta lo que no lo es tanto. Por ejemplo, es posible que te digan que estás demasiado a la defensiva y que eso te empuje a introducir cambios en tu manera de comunicarte. O que hayas dado la impresión de titubear en algunas preguntas, en cuyo caso las repasarás y te asegurarás de contar con respuestas convincentes la próxima vez. Otra posibilidad es que te digan que te faltaba elegancia. En ese caso, tendrás que comprarte una corbata o pedirla prestada.

Imaginemos que has pasado por diez entrevistas y de ninguna ha salido el más mínimo atisbo de ofrecerte el puesto. Éste podría ser un buen momento para examinar tus sentimientos y tus reacciones.

Conseguir lo que te propongas

Gran parte de lo que haces después de las entrevistas guarda relación con lo que hacías de pequeño cuando no conseguías algo. Los niños recurren a patrones de conducta sencillos basados en el costo frente a la recompensa, y para ello utilizan opciones como:

- llorar;
- enfurruñarse;
- enrabietarse;
- huir corriendo;
- conseguir un abrazo de mamá.

Tú eres adulto, pero tu reacción a un rechazo tras una entrevista será bastante similar. Aunque habrás adaptado los comportamientos, también es posible que:

- llores porque eres claramente un perdedor incapaz de conseguir un trabajo;
- te recluyas en la soledad de tu habitación a escuchar a Leonard Cohen o a Morrisey;
- te enfades y prorrumpas en amenazas a los entrevistadores mencionando tu rodilla y sus genitales;

- digas que nunca jamás asistirás a otra entrevista;
- busques un abrazo de tu pareja, tu mamá, tu perro o un completo desconocido.

Es de vital importancia que observes esas posibles conductas de manera objetiva. Es posible que cuando tenías seis años te funcionasen a un nivel muy básico. La rabieta en el centro comercial *quizá* fue recompensada con una chocolatina, pero ahora no es chocolate lo que quieres, sino un trabajo. Los humanos adultos tienen una gran ventaja sobre los animales, y es que nosotros poseemos la capacidad de ser estrategas. Tú tienes la capacidad de sentarte y observar lo que se denomina **la situación en su conjunto.**

Podemos ver más allá y entender las limitaciones de las tácticas de terror a corto plazo que utilizábamos cuando teníamos cinco años. Esos patrones de conducta son destructivos para uno mismo. El enfado, la negación, la ira o incluso el llanto no harán ningún favor a tus habilidades en una entrevista. Puedes aprender dos cosas de un rechazo tras una entrevista:

- Soy un completo fracasado y debería dejar de esforzarme, o
- Sé cómo hacerlo mejor la próxima vez.

Tú decides

El rechazo es un tema miserable, y acudir a entrevistas de trabajo implica una relación con ese tema. Tu ego gritará «¡No! ¡Otra vez no!» mientras repasas tu currículum. ¿Seguro que el dolor que sientes cuando te rechazan para ese puesto es directamente proporcional al esfuerzo invertido en intentar conseguirlo? Tal vez sí, pero eso nunca debería enseñarte a realizar un esfuerzo menor con la esperanza de que así te dolerá menos si te rechazan. Puede parecer que este pensamiento tiene su lógica, pero te prometo que no es así. Esforzarse menos sólo aumentará las probabilidades de rechazo.

En una ocasión asistí a una entrevista para una revista femenina.

La editora que me entrevistó tenía cara de asco y no paraba de sonarse la nariz con un rollo de papel higiénico. Al cabo de veinte minutos me dijo que yo era demasiado mayor para el puesto. En aquel momento tenía veintinueve años y a punto estuve de pasarme mi treinta cumpleaños en la cárcel debido al deseo repentino de hacerle el mayor daño posible. Yo tenía una carpeta de trabajo y la cabeza repleta de ideas. Había investigado y ensayado mi guión. Incluso me había hecho la cera en las piernas, ¡por Dios! Salí del edificio jurando que nunca más volvería a esforzarme tanto para una entrevista. En el futuro, *ellos* tendrían que hacer el trabajo y yo me enfrentaría a los procesos de selección como si se tratase de citas rápidas, eligiendo las ofertas sin reflexionar lo más mínimo sobre ellas.

Por suerte, cuando se me pasó la ira, comprendí el error de esa línea de pensamiento. ¿Realmente me satisfacía permitir que aquella cerda infeliz diese al traste con toda mi carrera? ¡No! Seguí intentándolo, haciéndolo lo mejor posible, esforzándome al máximo en cada entrevista. ¿Dónde está ahora aquella mujer? No tengo ni idea, pero sí sé que aquella revista ya no existe.

Esfuérzate al máximo o al *mínimo*

O bien sigues esforzándote al máximo, pase lo que pase, o continúas intentándolo y te enfadas al mismo tiempo. Esfuérzate al *mínimo*, si quieres, o al menos no al máximo. Es como acceder a participar en una carrera olímpica y después no dar todo lo que uno puede. ¿Qué sentido tiene hacer eso? Mucha gente lo hace, y la idea es que «si no me esfuerzo al máximo, el rechazo no me dolerá tanto». Es como acudir a una cita con Brad Pitt sin haberte duchado y sin depilarte el labio superior porque así te sentirás mejor cuando él no te llame para volver a salir. «¡Sí! No me he tomado muchas molestias para esa cita; si lo hubiese hecho, ¡él nunca habría vuelto a mirar a Angelina Jolie!». Sigue esforzándote al máximo: es la única manera de hacer las cosas que tiene sentido.

Crear un *airbag* para el rechazo

Los coches no están diseñados para estrellarse y tú no vas a acudir a las entrevistas esperando ser rechazado. No obstante, los fabricantes de coches trabajan en diseños que permitan la supervivencia en el peor de los casos, y eso implica dispositivos como las barras antivuelco y los *airbags*. Los fabricantes saben por medio de las estadísticas que muchos conductores apuran al máximo o estrellan sus coches; la inclusión de dispositivos de seguridad salva vidas. De forma similar, tú sabrás que la mayoría de las entrevistas (estadísticamente) acaban con un rechazo y, por tanto, te conviene planificar ese momento para evitar que se convierta en algo más que un daño colateral.

La protección contra el rechazo es relativamente sencilla. Aquí tienes algunos consejos básicos:

Cancela y continúa. Este mantra tan breve y útil procede del mundo de la interpretación y del deporte. En una ocasión entrevisté a una actriz sobre el pánico escénico y me explicó que ésta es la manera de que olvidarse de una línea de texto o un momento de nervios no influyan en el resto de la actuación. Una patinadora sobre hielo me explicó lo mismo: «Cuando te caes durante una competición, tienes que levantarte y continuar como si no hubiese pasado nada. De lo contrario, puedes arrastrar la caída durante el resto de la actuación». Y para eso utilizan un «truco mental»: **«Cancela... Continúa... Sigue».** Es un recordatorio para no quedarse anclado en un error. Incluso existe una canción dedicada a ese sentimiento: *«Pick yourself up, dust yourself off and start all over again...»* («Levántate, sacúdete el polvo y comienza de nuevo...»).

Gestionar un mal resultado en una carrera o incluso un rechazo en una entrevista no es exactamente una experiencia agradable, pero el lema «Cancela y continúa» puede evitar que un tropiezo en tu carrera se convierta en una tragedia griega en toda regla.

Sigue. Cambia lo que puedas (si siempre haces lo mismo, siempre obtendrás los mismos resultados), pero sigue adelante. Nunca te explayes en cosas que no puedes cambiar ni imagines las posibles razones del rechazo. Nunca te enfades. No te deprimas. Los soldados nunca se paran a llorar por sus compañeros mientras la batalla continúa. Si lo hiciesen, acabarían muertos. ¿Sabes una cosa? Tú no vas a ser una baja en una entrevista porque vas a seguir adelante. Zambúllete, bucea, camina o corre, pero sigue adelante y no mires atrás una vez que hayas analizado qué necesitas cambiar.

Invéntate una frase para avanzar que no eche por tierra tu rendimiento. Pensamientos como «Sé que no lo voy a conseguir, hay demasiados candidatos buenos» minarán tu confianza y adoptarán la forma de una excusa, lo que significa que te estarás preparando para fracasar. En su lugar, grábate algo así: «Estoy perfectamente cualificado» o «Sé que a las personas atractivas a veces les resulta difícil conseguir los mejores puestos». Al darte a entender que podrías ser rechazado porque tienes demasiado talento o un físico impresionante, mantendrás tu ego en plena forma para la batalla.

Esconde un árbol en un bosque. Si vas a una sola entrevista o solicitas un solo puesto, todas tus esperanzas se depositarán en ese trabajo. El rechazo te dolerá veinte veces más que si enviases montones de solicitudes. Ésta es una de las pocas ocasiones en la vida en las que el dolor de muchos golpes resulta menor que el de un solo golpe que contenga la fuerza de todos ellos. Podría decirse que es como un programa de vacunación.

Cuando salgas de la entrevista, dedícate estas palabras: «Puedo encontrar una empresa mejor que ésta». Al dirigir tu pensamiento hacia delante y arriba, dejarás atrás esa oferta de trabajo o la falta de ella. Siempre hay empresas mejores que la que acaba de entrevistarte.

Nunca utilices la palabra «fracaso» cuando hables sobre la entrevista o pienses en ella. La idea del fracaso acarrea muchos problemas. Técnicamente es incorrecta. Si no consigues el trabajo, no significa que hayas fracasado. La única manera de fracasar realmente consiste en no intentarlo o rendirse. Al asistir a una entrevista estás tomando parte en un proceso de éxito. La palabra «fracaso» es muy flexible. Cuando te des cuenta, se habrá estirado tanto que la utilizarás para referirte a ti mismo. Si utilizo la expresión «poco útil» para ese tipo de pensamientos, será más acertada.

Rechazo contagioso

¿Sabías que el rechazo es contagioso? Un rechazo puede desencadenar más rechazos. Para ver cómo funciona esta teoría, observa a un repartidor de periódicos gratuitos en la calle. Entrega felizmente los periódicos a los transeúntes, pero en el momento en que uno lo rechaza, las siguientes personas también lo hacen. Es la teoría del rechazo contagioso puesta en práctica. ¿Por qué ocurre? No es posible que las primeras personas sí quisieran el periódico y el siguiente grupo, casualmente, no. Lo que ocurre es que un rechazo ejerce un profundo efecto en toda la operación. La siguiente persona ha sido testigo del rechazo y lo sigue como una oveja, lo que significa que las siguientes personas ven normal esa conducta.

El mayor efecto se produce en el repartidor. Si no cambia nada de su lenguaje corporal y su manera de hacer, se producirán más y más rechazos. Si hace una pausa, toma más periódicos y después se acerca con energías renovadas, con positivismo y entusiasmo, a la siguiente persona que pase a su lado, con cara de esperar que acepte el periódico en lugar de rechazarlo, conseguirá romper la cadena de rechazo contagioso.

El mismo principio se aplica a las entrevistas. Acude a la siguiente entrevista con un fracaso en mente, ya sea mostrando una actitud más cautelosa o un lenguaje corporal negativo, y podrías echar por tierra todas las posibilidades de éxito.

Cómo ser una persona más motivada

Las personas motivadas tienen, en general, seis cosas en común que tú puedes copiar fácilmente:

1. **Se centran en sus objetivos.** No dejes de recordarte adónde vas y qué quieres conseguir. El proceso de la entrevista es un medio para un fin, no el fin en sí mismo.

2. **Se recuerdan constantemente sus objetivos.** Resulta más sencillo superar cualquier proceso doloroso si tienes en mente una imagen muy clara del resultado final. ¿Recuerdas cuando aprendiste a conducir? Superaste la ansiedad o el esfuerzo que suponía visualizándote en un coche nuevo, conduciendo solo. Tal vez imaginaste las citas a las que podrías acudir o la libertad para viajar. Tu realidad es el trabajo o la carrera que buscas, y lo que ese trabajo te permitirá conseguir o disfrutar (una nueva casa o unas vacaciones, por ejemplo). Los estímulos visuales son muy potentes. Muchas personas de éxito me han explicado que tienen una fotografía de lo que más desean en su escritorio o en la nevera. Les ayuda a recordar por qué están haciendo lo que hacen.

3. **Asumen que no será fácil.** Para muchas personas motivadas, todo gira en torno al esfuerzo. Quien algo quiere algo le cuesta; ese tipo de cosas.

4. **No aceptan una negativa o un «no puedo».** La mayoría de nosotros, simples mortales, nos dejamos abatir ante el primer rechazo o incluso ante el mínimo atisbo de un posible rechazo.

5. **Se entrenan a sí mismos.** La automotivación resulta imprescindible. Estar motivado significa no perder el tiempo entre lamentos y esperando que alguien nos recoja, como un niño que se ha hecho una herida en la rodilla.

6. **Escriben listas.** Mensajes de compromiso consigo mismos. Listas de cosas por hacer, de objetivos, de logros y de alabanzas. Algunas personas motivadas incluso redactan notas con

antelación desde su yo positivo a su yo no tan positivo. Consiste en sentarte antes de la batalla para escribir mensajes motivadores hacia ti mismo mientras todavía tienes la suficiente fortaleza para continuar o cuando lo necesitas. Esta táctica hace maravillas. Es mucho mejor que escuchar las alabanzas de parejas bienintencionadas o de amigos que parecen saberlo todo.

¡Recupera la motivación cuando todo va mal!

Necesitas un ego muy fuerte para enfrentarte a los rechazos en las entrevistas con una sonrisa y un saludo amable. Duele, por supuesto que duele. Acabas de ofrecerte con tus mejores galas, con energía y sonriente, y alguien ha dicho «No, gracias». Incluso es posible que varias empresas te hayan dicho «No, gracias». O muchas. Si ser despedido es como si te dejasen plantado en el altar, ser rechazado en una entrevista es como si te dejasen plantado en la primera cita o (tal vez peor) que rechacen tu propuesta de matrimonio después de un largo noviazgo (en el caso de solicitar una promoción interna).

No nos andemos con rodeos. Tienes dos opciones:

1. Seguir intentándolo.
2. Rendirte.

Vas a quedarte con la primera opción, así que ponte manos a la obra. Cada entrevista es una oportunidad de cambiar tu vida. Nunca pierdas una oportunidad porque la última no funcionó. ¡Nunca te esfuerces «al mínimo»!

EN RESUMEN

- Cuando no puedas controlar el estímulo, trabaja para controlar tu reacción.
- Adopta una visión objetiva de lo que ha ido mal. Utiliza tu lista para valorar qué has hecho, qué has dicho y cómo te has comportado.
- Trabaja para mejorar; no te enfades ni te autoboicotees.
- Tíralo, guárdalo o recíclalo: los tres métodos para gestionar el rechazo.
- Esfuérzate al máximo, no al *mínimo*.
- Entrena tu cerebro para cancelar y continuar.
- Sigue las seis reglas de oro de las personas motivadas.

6 GESTIÓN DE LAS IMPRESIONES

Cómo conseguir comunicaciones eficaces y dejar una impresión duradera

Este capítulo explica que el modo en que te perciben los demás puede ser decisivo para el éxito en la entrevista. Además, te enseña a asegurarte de que la impresión que dejes juegue a tu favor y no en tu contra:

- entendiendo los procesos de la **primera impresión** y cómo te valoran en los primeros segundos posteriores al encuentro;
- explicando la psicología de la comunicación en una entrevista y el impacto que ejerce la manera en que transmites los mensajes;
- trabajando en tus habilidades para comportarte correctamente durante la entrevista;
- aportando consejos sobre lenguaje corporal, tono de voz y vocabulario con el fin de asegurarte de que tus comunicaciones tengan estilo y dejen huella;
- ayudándote a asegurarte de que tus comunicaciones sean claras y concisas.

Impacto inmediato

En una entrevista, gran parte de la información acerca de ti mismo la transmitirás durante los cuatro segundos iniciales. Es lo que se conoce como **primera impresión,** y se trata de un proceso en gran parte subconsciente. Vemos a alguien e inmediatamente empezamos a decidir si le damos nuestra aprobación o no.

La primera impresión que causas proviene de estos siete factores:

- tu contacto visual y tu mirada;
- tus expresiones faciales;
- tu postura;
- tus gestos;
- tu tacto;
- tu conducta espacial;
- tu higiene personal y tu indumentaria.

De acuerdo, es un proceso injusto. Parece basado en aspectos superficiales, prejuicios y estereotipos. Sin embargo, forma parte de tus procesos de supervivencia. Los animales necesitan «leer» las intenciones de los demás animales rápidamente, y no lo hacen intercambiando cumplidos verbales. La primera impresión forma parte del proceso evolutivo y, por tanto, es imposible eliminarla. Serás juzgado por las señales visuales tanto si te gusta como si no, de manera que te conviene asegurarte de que tu cara caiga bien.

Conversación silenciosa

El lenguaje corporal hablará por ti incluso cuando tengas la boca cerrada.

¿Sabes lo importantes que son tus señales corporales durante una entrevista de selección? En cualquier comunicación cara a cara, tus **señales no verbales** suman en torno al 55 % del impacto percibido de tus mensajes. Tu **tono de voz** equivale a un 38 %, lo que deja tan sólo un 7 % a tus palabras. En resumen, lo que cuenta no es lo que dices, sino *cómo* lo dices.

¿Por qué es tan importante el lenguaje corporal? Por dos razones.

Recordamos lo que vemos mucho más tiempo que las palabras que escuchamos. ¿Has visto alguna vez a un político en campaña electoral? Dudo que recuerdes una mínima parte de lo que dijo, pero estoy segura de que te convenció el movimiento de sus manos, la energía con la que movía sus brazos o la sonrisa que llevaba puesta mientras hablaba. Hace muchos años, un político llamado Michael Foot aprendió esa lección por la vía dura. Aunque gozaba de reconocimiento como político muy capaz, su costumbre de llevar chaquetas informales en ocasiones formales y su abundante pelo canoso recortaron considerablemente el tiempo que se mantuvo en lo más alto.

Tendemos a creer más en los gestos y otras señales visuales que en las palabras. Las personas mienten en las entrevistas y resulta mucho más fácil mentir con las palabras que con los gestos. ¡El lenguaje corporal es muy revelador!

Resulta sencillo utilizar ese sentimiento de incomodidad y dificultad que se experimenta cuando se toma conciencia del lenguaje corporal, pero en realidad ignoramos nuestro propio lenguaje corporal. Y eso supone un riesgo. El hecho de «ser uno mismo» y no invertir algún tiempo en perfeccionar y mejorar todos esos gestos y expresiones faciales equivale a permitir que las palabras salgan de tu boca sin pensar y sin una planificación estratégica.

Deberías trabajar en tu lenguaje corporal por dos razones:

1. **Normas de comportamiento:** una entrevista es un ritual empresarial, y cada ritual tiene sus propias normas de comportamiento.
2. **Automarketing:** causar una buena impresión implica utilizar el lenguaje corporal para reforzar las palabras. Tu lenguaje corporal dejará huella en la fase de la entrevista y te ayudará a fomentar tu carisma (¡o la falta de él!).

111

Normas de comportamiento: ¿de acuerdo?

En lo que respecta a tu carisma, tendrás que ocuparte de estas cinco fases de la entrevista:

1. llegada a la recepción;
2. encuentros y saludos;
3. comer y beber;
4. establecer contactos;
5. salidas.

Llegada

Antes de la entrevista, asegúrate de hacer lo siguiente:

- Llama y pregunta si existe aparcamiento y entrada de seguridad (para no retrasarte). Explica que necesitas esa información para calcular a qué hora debes llegar.
- Llega diez minutos antes de la entrevista.
- Preséntate en recepción y da también el nombre de la persona con la que tienes cita y la hora de la entrevista.
- Apaga el móvil mientras esperas.
- Si vas a llegar tarde, llama con antelación y explica cuánto te vas a retrasar y el motivo. ¡Pide disculpas! Y vuelve a disculparte cuando te reúnas con el entrevistador.
- Siéntate en recepción. Lee un periódico si tienes ocasión y dóblalo bien cuando termines.
- Nunca comas o bebas en recepción, a menos que haya una máquina de café. Y aun así, es mejor esperar.
- Si llegan otras personas a recepción, es señal de buena educación saludar y sonreír cuando tomen asiento.
- Si crees que la espera en recepción se alarga demasiado, no des muestras de impaciencia (resoplar, moverte nerviosamente y mirar el reloj). Unos minutos después de la hora estipula-

da para la entrevista puedes dirigirte a la persona encargada de la recepción y preguntar educadamente si sabe cuándo te van a llamar.

- Si necesitas ir al lavabo, pregunta en recepción.
- La persona que salga a recibirte a recepción podría ser un entrevistador, pero también un ayudante. Intenta no dar nada por sentado y escucha con atención cuando esa persona se identifique.
- Levántate siempre para saludar con un apretón de manos.
- La persona que te recibe debería dar pie al saludo. Espera a que te ofrezca la mano, y si no lo hace, no lo hagas tú tampoco.
- Saluda con la mano derecha.
- Es posible que te digan algo así: «¿Carolina Sánchez? Soy Pedro López, el ayudante de Sara Aguilar». Si dicen primero tu nombre, deberías responder: «Encantada de conocerle». Si no, responde: «Carolina Sánchez, encantada de conocerle».
- Es posible que te guíen hasta la oficina, pero lo más habitual es que te dejen entrar primero en el ascensor. Recuerda que no hay distinciones entre hombres y mujeres cuando se trata de normas de comportamiento en la empresa. En cuanto a quién abre la puerta para quién, la mejor respuesta es: ¡quien llegue primero!
- Si se ofrecen para llevarte una bolsa, lo más adecuado es contestar: «No, gracias, no es necesario».
- Repite el ritual del apretón de manos con todos los entrevistadores cuando entres en la oficina. No te dejes a nadie.
- Espera a que te ofrezcan asiento. Si nadie lo hace, pregunta antes de sentarte.
- Puedes ajustar el ángulo de la silla, pero no la muevas demasiado (causa mala impresión, sobre todo si la acercas mucho a la mesa).
- No toques la mesa, no te apoyes en ella ni dejes nada personal encima. Si es una mesa grande, puedes apoyar un codo o las manos.

113

- Si te ofrecen té o café, no pidas otra cosa. «No tomo té ni café. ¿Podría ser agua?» causa mala impresión. No estás en una cafetería.
- Si vas a ofrecer a los entrevistadores tu tarjeta, hazlo al final de la entrevista. Si tienen tu currículum, no lo hagas.
- Nunca te quites la americana del traje, sobre todo si los entrevistadores tampoco lo hacen.
- No masques chicle.
- No mires el reloj ni ningún texto a la vista.
- Espera al apretón de manos cuando termine la entrevista. Da las gracias a cada miembro del equipo cuando les saludes.
- Da las gracias a la persona de recepción cuando salgas.

Comer y beber

Muchas empresas modernas cuentan con cafeterías o restaurantes y acostumbran a invitar a sus candidatos a comer y beber. Las zonas de recepción de las grandes empresas urbanas disponen de máquinas de café que nada tienen que envidiar a las de las mejores cafeterías, y eso significa que tus habilidades sociales quedarán a la vista de todos. ¿Resulta paranoico pensar que puedes perder un trabajo por untar mal la mantequilla en el pan o por exhibir un bigote de espuma de leche? Creo que no. Tengo experiencias personales de empresas que inspeccionan minuciosamente a los candidatos con la idea de que tendrán que agasajar a los clientes si consiguen el trabajo. Algunas fases posteriores de una entrevista tienen lugar en torno a una cena, en un restaurante o un hotel. Por tanto, resulta imprescindible conocer las normas de comportamiento.

Si estás nervioso, lo mejor será rechazar las invitaciones durante una entrevista: puedes acabar derramando algo porque te tiemblan las manos.

Es posible que te inviten a comer con otros candidatos. No te apresures a ponerte el primero en la fila y no te llenes el plato como si estuvieses allí sólo porque la comida es gratis. Intenta no comer más que el entrevistador. No queda demasiado bien sentarte ante un plato de chile picante cuando los demás han elegido un sándwich de atún.

SÍ: elige alimentos fáciles de comer.

SÍ: espera a que el entrevistador empiece a comer. Esta norma es aún más importante en el caso de una comida formal.

NO te «hinches» de pan en una cena formal. Toma trozos pequeños del panecillo mientras vas degustando los platos. No te acabes un panecillo antes de empezar a comer para tomar otro después.

SÍ: ponte la servilleta sobre el regazo. En un restaurante «pijo», es posible que sea el camarero quien lo haga por ti.

SÍ: come primero y segundo plato, pero sólo si el anfitrión te anima a ello. Si se salta el entrante, por ejemplo, tú debes hacer lo mismo.

SÍ: evita tomar alcohol y *nunca* pidas alcohol si el anfitrión toma agua.

SÍ: empieza con los cubiertos situados más al exterior.

NO hables o comas con la boca abierta, y nunca critiques la comida ni pongas caras. Aunque en la carta haya callos, menudillos o cerebro de mono, tú continúa sonriendo. Basta con no pedirlos.

Estrechar la mano

El apretón de manos tiene su origen en conductas propias de los simios. Un mono amenazado ofrece su pezuña a un mono más fuerte en señal de paz y sumisión. En el comportamiento humano, ese gesto se ha convertido en el ofrecimiento mutuo de la mano, y en una muestra de sumisión mutua. Por tanto, al estrechar una mano estás diciendo en términos animales: «Estamos de acuerdo en que no va-

115

mos a pelear». Esto significa que tu apretón de manos debería ser abierto y transmitir confianza. Ofrecer la mano «a medias», en un apretón en que las palmas no llegan a tocarse realmente, es una señal de precaución que incluso puede resultar amenazante (¡es como si escondieses algo!).

- Nunca estrujes o aprietes con excesiva fuerza la mano del entrevistador.
- Prepárate para dar la mano a todas las personas de la empresa que te presenten.
- Nunca ofrezcas una mano húmeda y floja.
- Nunca te limpies la mano en el pantalón antes de saludar (al menos, que no te vean).
- Ofrece la mano justo por debajo de la cintura.
- Las manos deben subir y bajar unas tres veces.
- Deja que el entrevistador empiece y termine el apretón.
- Imita siempre el apretón que te ofrezcan: si el de la otra persona es más firme, haz que el tuyo también lo sea; si es rápido, responde de la misma manera.
- Nunca tomes la mano de la otra persona entre tus dos manos (lo que se conoce como un **sándwich de manos**).
- Nunca toques a la otra persona en el brazo mientras le das la mano.
- Levántate siempre para estrechar la mano.
- Aprovecha al máximo este ritual. Es importante y conviene saborearlo en lugar de intentar terminar cuanto antes.

CÓMO SE ESTRECHA LA MANO

Tu apretón de manos revelará mucha información sobre tu personalidad y tu actitud. En muchos aspectos es como tu chip y PIN personales. Es el ritual que se produce en dos momentos decisivos de la entrevista (el principio y el final), y por eso resulta imprescindible que tu apretón de manos deje una buena impresión. ¿Cuántas veces te han presentado a alguien cuyo apretón le ha hecho parecer débil y sumiso, o excesivamente dominante?

■ Preséntate con el abrigo y/o el bolso en la mano izquierda, así tendrás la derecha libre para saludar.

■ Establece contacto visual cuando des la mano.

■ ¡Sonríe!

■ Inclínate muy ligeramente hacia delante.

■ Ofrece una mano seca y firme.

■ No en todas las culturas se dan un apretón de manos. Si tu entrevistador no te ofrece la mano, podría ser por cuestiones culturales.

■ Si sabes que la empresa que vas a visitar es extranjera, presta atención a las diferentes formas de saludar (por ejemplo, la reverencia).

No es habitual dar dos besos en las mejillas en una primera entrevista, pero si tu entrevista es para una promoción interna, es posible que conozcas al entrevistador. Los besos en la mejilla pueden resultar torpes, sobre todo si estás nervioso o bajo presión. En caso de que se produzcan, toca ligeramente los hombros de la otra persona y empieza por la mejilla derecha. Nunca hagas un «¡mua!» sonoro, ya que puede parecer sarcástico.

Técnicas para establecer contactos

En una gran empresa es habitual invitar a los solicitantes a algún evento social o para establecer contactos. Se considera una manera útil de relacionarse en un ambiente más informal que, además, permite charlar con diferentes jefes sobre la empresa o su departamento. En algunos de esos eventos tendrás que hacer de «público», escuchar charlas y participar en conversaciones entre taza y taza de café, pero la mayoría de las empresas que celebran ese tipo de eventos los consideran también como una forma de entrevista en masa y eligen a los candidatos que parecen poseer las cualidades apropiadas para relacionarse, comunicarse y autopromocionarse.

Si te piden que acudas a un evento de ese tipo, o incluso si te llevan a una charla durante tu entrevista más informal, considéralo como parte de la entrevista y adopta un papel proactivo y activo en lugar de dar vueltas esperando a que alguien se dirija a ti. No es necesario que abordes y adules a todas las personas con identificación de la empresa. Utiliza unas buenas técnicas de socialización para hacerte oír y demuestra lo bien que encajaría tu cara en la empresa.

Aprende a recorrer la sala. Tu tarea consiste en pasar junto a todos los participantes y charlar con la mayoría de ellos durante un breve espacio de tiempo.

Haz una pausa antes de entrar. Estírate, mueve los hombros hacia atrás y hacia abajo, agita un poco las manos para liberar tensiones, relaja la expresión facial y piensa en algo que te haga sonreír de manera natural (imagina que estás a punto de entrar en una sala llena de amigos).

Una vez dentro, realiza una pausa de no más de tres segundos para mirar a tu alrededor y analizar la situación. Es probable que se acerque a ti uno de los anfitriones, en cuyo caso devuélvele el apretón de manos y preséntate aunque lleves identificación. Pregunta a quién deberías conocer primero y, con suerte, te dará nombres y te señalará a las personas indicadas, o incluso te presentará personalmente. Si no acude nadie a recibirte, hazte con una taza de café o un vaso de agua y dirígete hacia la persona o el grupo más cercano.

Si te acercas a un grupo, intenta que sea de al menos tres personas, pero de no más de seis (cuando son dos, resulta más difícil entrar en la conversación; si son más de seis, te perderás).

Acércate al grupo con paso resuelto y una expresión facial que transmita confianza. Trata de no dar la impresión de estar espiando. Busca el hueco más grande y sitúate en él.

Es posible que el grupo no se abra para acogerte (¡a veces pasa!). Si es así, espera uno o dos segundos, saluda a un amigo invisible situado al otro lado de la sala y cambia de grupo.

Si te sitúas en un hueco, dirige una mirada rápida a las dos personas que te flanquean y salúdalas con un ligero movimiento de cabeza antes de entrar en la conversación.

Sintoniza con la dinámica del grupo antes de empezar a participar. No recibirán de buen grado que cambies el tono de la conversación.

Si alguien está hablando, espera a que termine. Mientras esperas, utiliza las técnicas de espejo para congraciarte y ganar la aceptación de los demás. Adáptate al ambiente y al lenguaje corporal del grupo. Si es relajado y jovial, ríe con ellos aunque no hayas escuchado el principio de la conversación. Si es más formal y serio, muestra la actitud adecuada.

Cuando la persona que esté hablando termine, relaciona tus palabras con las que acaba de pronunciar. Por ejemplo: «¿Hablabas de la Universidad de Barcelona? Es muy interesante, creo que tiene mucho que ofrecer a las personas con aptitudes científicas». A continuación, añade: «Por cierto, me llamo Juan González».

Sé razonablemente agresivo en tus técnicas de socialización. Si crees que estás hablando con alguien de temas que no tienen ninguna relevancia para tu objetivo (conseguir una oferta de trabajo), no prolongues demasiado la conversación sólo porque te parece amena. Puedes ser directo («Me ha encantado conocerte; ahora debería continuar buscando contactos») o más suave («¿A quién crees que deberíamos presentarnos ahora? ¿Has hablado con alguien de la empresa?»).

Asegúrate de que los entrevistadores potenciales escuchen bien tu nombre durante las presentaciones. No es necesario que grites, pero sí que vocalices bien.

Plantea preguntas sobre la empresa, ya que eso te hará parecer interesado, pero evita sacar el tema del dinero, los aumentos de sueldo o los incentivos: pensarán que sólo te interesa la pasta, no el trabajo en sí mismo.

Si te dan información sobre la empresa o su historia, evita las muestras de aburrimiento (incluso las más sutiles). Nada de bostezos, mirar el reloj, pasear la vista por la sala, comprobar el móvil furtivamente, tocarte la cara, moverte inquieto, ojos vidriosos o suspiros. Nunca utilices las palabras «Oh, eso parece muy interesante...», ya que es imposible decir eso sin parecer aburrido hasta la muerte. Opta por la técnica del reflejo:

- **Entrevistador:** La empresa fue fundada en Swansea en 1998 por Barry Harmsworth y Bill Neath.
- **Tú:** ¿En 1998?

Esta sencilla técnica demuestra que estás escuchando y quieres saber más.

Da muestras de escucha activa.

Salida

Salir de la sala al final de una entrevista puede requerir casi tanta planificación como la entrada. En muchos aspectos, puede ser tu «momento Mr. Bean», la parte de la reunión en la que tu control y tu carisma de pronto se van al garete y acabas echándolo todo a perder, tropezando y refunfuñando clichés horribles mientras te acercas a la puerta.

Los apretones de manos de despedida son más difíciles que los de llegada, ya que también interviene la puerta. Y aunque hayas entrado en la sala con todo el encanto del mundo, recoger tus cosas y salir con ese último *bon mot* puede suponer todo un reto para tu coreografía, por lo demás muy hábil.

SEÑALES DE ESCUCHA ACTIVA

- Establece un contacto visual total.
- Inclínate ligeramente hacia delante.
- Inclina ligeramente la cabeza hacia un lado de vez en cuando mientras escuchas.
- Asiente con la cabeza.
- Ajusta el ritmo de los movimientos de cabeza a la historia (más rápidos si se trata de una anécdota divertida, más lentos en caso de una charla sobre trabajo, y muy lentos si te dan malas noticias).
- Nunca asientas demasiado rápido: es señal de impaciencia y de ganas de interrumpir.
- Copia el lenguaje corporal de tu interlocutor para crear empatía (¡pero hazlo sutilmente!).
- Deja que tu expresión facial refleje su historia.
- Ten cuidado con reflejar su expresión facial sin escuchar el contenido. Las personas tienden a reír o sonreír incluso cuando están escuchando malas noticias.
- Nunca te toques la cara, puede indicar aburrimiento.
- Sí puedes ponerte un dedo en la barbilla, ya que indica interés.
- Nunca apoyes la barbilla en la palma de la mano: ¡parecerá que estás a punto de dormirte!
- Nunca te pongas un dedo en una mejilla, te hará parecer crítico o desconfiado.
- Mantén un parpadeo regular. El parpadeo acelerado puede hacer que parezcas aburrido.
- Mira a tu interlocutor de frente.

121

Deja que los entrevistadores anuncien cuándo es el momento de salir. Trata de identificar pistas visuales, como una inclinación hacia atrás en la silla o que coloquen las palmas de las manos sobre la mesa y sonrían.

No intentes decir muchas cosas en muy poco tiempo. Cuando tu momento haya terminado, lo mejor es que te marches. En términos de tiempo, resulta muy sencillo intentar disuadir a los entrevistadores para que te den el trabajo parloteando sin parar en un intento de quedarte más rato.

Piensa antes de levantarte de la silla. ¿Tienes alguna bolsa o papeles en el regazo? ¿O a un lado de la silla? ¿Has colocado una taza de café en el suelo, junto a tus pies? ¿Dónde está tu abrigo? Nunca empujes la silla hacia atrás sin revisar primero la zona.

Si los entrevistadores empiezan a estrecharte la mano, la norma es la misma que para la llegada: el anfitrión da pie al saludo. Si retira la mano demasiado pronto, no la ofrezcas tú mientras no hayas acabado de levantarte de la silla, recoges tus cosas de tu regazo e intentas avanzar para alcanzar la mano del entrevistador (es más habitual de lo que podrías imaginar). Ponte de pie, haz una pausa y después acércate para ofrecer tu mano.

Si los entrevistadores permanecen detrás de la mesa, debes acercarte a la puerta y hacer una pausa antes de salir. Date la vuelta, sonríe y da las gracias antes de marcharte.

Si te acompañan hasta la puerta, es posible que la abran para dejarte pasar, en cuyo caso saldrás primero. Si te acompañan hasta la recepción, vuélvete para saludar con un apretón de manos y dirígete a la salida.

Muchas empresas grandes cuentan con un complejo sistema de seguridad que incluye el uso de pases electrónicos. Si te han dado una tarjeta de visitante o una identificación al entrar en el edificio, asegúrate de devolverla antes de salir y da las gracias.

Cómo impresionar a los entrevistadores

Esta sección trata sobre el uso del lenguaje corporal para aumentar tus posibilidades de conseguir una oferta de trabajo. No existe una norma general en lo que respecta a una imagen que cause buena impresión; cada empresa y cada entrevistador tienen su propia idea del aspecto del candidato «ideal». No obstante, existen algunas técnicas muy eficaces que puedes aprender y utilizar, y que te ayudarán a maximizar tu impacto personal.

Trabaja duro y esfuérzate para lograr que parezca que no te cuesta nada. Resulta penoso que tu lenguaje corporal parezca demasiado ensayado y poco natural, pero eso no significa que debas ignorarlo y comportarte como si nada. Vas a participar en una situación poco natural. Si te sientas como lo haces normalmente, te vistes como cada día y te comunicas como sueles hacerlo, es muy probable que, o bien no entiendan lo que les dices, o bien piensen que eres poco elegante y carente de gracia. Todas las personas que trabajan de cara al público invierten algún tiempo (en algunos casos, mucho) en conseguir una buena imagen. La entrevista es una especie de actuación, y cualquier actor tendrá éxito y fracasará en dos cosas:

1. el talento que posee, y
2. el tiempo dedicado a practicar y ensayar.

El primer paso para modificar tu lenguaje corporal es el mismo que debes dar en el momento de decidir qué palabras utilizas para hablar con alguien.

Conoce tus objetivos

Imagina que vas a entrar en la sala de la entrevista con una camiseta grande en la que llevas inscritas con letras enormes las palabras ideales para describirte. ¿Qué palabras elegirías para la camiseta? ¿Cómo te gustaría que te viesen? ¿Qué imagen desearías dar al entrevistador?

Cuando planifiques tu estrategia, elige cualidades positivas en lugar de centrarte en las negativas: es una técnica muy buena para entrenar el cerebro. Éste nunca oye la palabra «no»; sólo acepta la orden. Por tanto, si el mensaje de tu camiseta es «No te pongas nervioso», la última palabra es la que absorberá el cerebro, lo que significa que es más probable que te pongas más nervioso que antes de decidir el mensaje.

Por lo tanto, ¿qué te parecen estas otras?

seguro	experto
eficaz	experimentado

El siguiente paso consiste en decidir exactamente qué aspecto tendría cada una de esas cualidades en tu camiseta. Como siempre digo, el mensaje clave es: **¡no lo digas, demuéstralo!**

¿Cómo puedes demostrar que eres capaz de ser un miembro eficaz de su equipo en lugar de decirlo? A continuación tienes una lista resumida de los objetivos y las competencias ideales respecto a la imagen de cara a una entrevista, más una lista de cualidades que conviene evitar. La idea de redactar una lista con las señales del lenguaje corporal es que las mezcles y las combines según tus necesidades. No todas las entrevistas te exigirán el mismo conjunto de competencias, por lo que es importante adaptar tus mensajes según las necesidades de la empresa y del puesto ofrecido.

Cómo parecer una persona segura de sí misma

- Sonríe de forma natural y relajada.
- Mantén la espalda estirada y los hombros hacia atrás y abajo.
- Mantén el contacto visual, pero sin pasarte. Suaviza la expresión para no acabar con una mirada vidriosa.

- Mantén la cabeza alta, con la barbilla formando un ángulo de 45 grados respecto al cuello.
- Muévete con rapidez y energía, pero sin precipitarte.
- Evita los gestos que suponen una barrera, como los brazos cruzados o mantener el bolso apretado entre los brazos.
- Si quieres, puedes cruzar las piernas cuando te sientes.
- Utiliza gestos abiertos y enérgicos cuando hables.
- No juguetees con joyas, con el pelo o con un bolígrafo.
- Evita el templequeo de piernas y los golpecitos con los pies.
- Intenta permanecer en una posición razonablemente recta mientras estás sentado, pero sin parecer un maniquí.
- Mantén los gestos con las manos por debajo de la altura de los hombros y por encima de la cintura.

Cómo demostrar fuerza y carácter

- Utiliza gestos enfáticos mientras hablas.
- Sé espacial. Coloca los brazos en los reposabrazos de la silla o una mano sobre la mesa.
- Mantén el contacto visual.
- Junta las puntas de los dedos índices.
- Gesticula más que el entrevistador.
- Asiente con autoridad para dar énfasis a tus palabras más importantes.
- Inclínate hacia atrás en la silla. Cuando aportes la información más importante, inclínate hacia delante.

Cómo convencer y ser influyente

- Interioriza el estilo de comunicarse del entrevistador y cópialo con sutileza.
- Utiliza técnicas de espejo: por ejemplo, copia sutilmente el lenguaje corporal del entrevistador para crear un clima rápido de buen entendimiento y empatía.

- Utiliza señales de escucha activa, como asentir con la cabeza, y el contacto visual para demostrar respeto e interés.
- Los movimientos de asentimiento con la cabeza deben ir al ritmo de la conversación de tu interlocutor.
- Flexibiliza tu propio estilo de comunicación para que sea compatible con el suyo. ¿Es conciso? ¿Muy impactante? ¿Utiliza gestos enfáticos y mucho contacto visual? ¿Se ahorra la charla intrascendente y va directo al grano? Si es así, es un **guía.**
- Responde con un estilo claro y enfático, y con gestos seguros y abiertos. ¡No divagues! El comunicador «guía» aprecia mucho el estatus, así que no le retes pareciendo más seguro o con una posición superior a la suya.
- ¿El entrevistador se muestra sonriente, agradable y preocupado por tu bienestar? ¿Te ofrece café y pastas, y te escucha con atención? Si es así, podría ser de tipo **empático.** Esto significa que su estilo de comunicación se centra en la personalidad y en la relación, y que considera muy importantes la charla intrascendental y tu bagaje. Devuélvele las sonrisas, asiente con la cabeza para demostrar que estás escuchando, no interrumpas ni te muestres arrogante, y nunca te quejes de jefes o compañeros anteriores. Este tipo de entrevistador valora mucho la confianza y la honestidad, así que evita parecer exagerado o poco sincero.
- ¿El entrevistador rezuma personalidad, entusiasmo y energía? ¿Adopta un estilo de comunicación gracioso, con gestos muy vistosos y abiertos? En este caso, podría ser de tipo **actor.** A estas personas les gusta ver energía y entusiasmo en los demás, y ser el centro de atención. Ríete de sus bromas, pero no intentes superarlas. Habla sobre tus talentos, ya que a este tipo de entrevistador no le motiva demasiado la documentación y es posible que se haya leído tu currículum muy por encima.
- ¿El entrevistador es una persona más bien callada, que habla con mucha calma y presta atención a los detalles, las fechas y la lógica? En este caso, podría ser de tipo **analítico.** El punto fuerte de estas personas no es el desempeño, sino los datos y

las cifras. El lenguaje corporal entusiasta sigue siendo importante, pero mucho menos que si tratas con un **actor**. A este tipo de entrevistador sólo le impresionan realmente las pruebas, no los pensamientos, los sentimientos y las opiniones.

Cómo parecer eficaz

- Entra en la oficina con energía, manteniendo una expresión visual centrada.
- ¡No des saltitos!: parecerás bobo.
- Una vez sentado, inclínate ligeramente hacia delante y coloca los codos en los reposabrazos.
- Asiente con la cabeza cuando te hablen, y hazlo al ritmo de la conversación.
- Abre bien los ojos de vez en cuando y levanta las cejas.
- Establece contacto visual con todas las personas que se dirijan a ti durante la entrevista.
- Cuando hables, utiliza gestos que muestren sutilmente las palmas de las manos.
- Nunca cruces los brazos.
- Lleva siempre un bolígrafo y papel de buena calidad o un cuaderno. Si lo consideras adecuado y necesario, toma notas. Este gesto implica que vas a actuar en función de la información que te están dando, o al menos que estás haciendo un esfuerzo auténtico por recordarla.
- Lleva una tarjeta profesional, pero ten cuidado: no debe ser muy llamativa. La buena noticia es que son baratas, e incluso puedes hacerlas tú mismo con el ordenador. Conviene que sean sencillas. Entrégala al final de la entrevista, no al principio.

Cómo parecer una persona entendida en el tema

- Inclínate hacia delante cuando te hagan una pregunta. Este gesto implica que tienes la capacidad de responder a todo.

- Nunca respondas demasiado rápido. Parecerá que las preguntas son excesivamente fáciles. Haz una pausa antes de responder y mira hacia abajo y hacia la izquierda. De este modo darás a entender que la pregunta es amplia e inteligente, y que piensas antes de contestar.
- Nunca mires hacia arriba. Ese gesto puede sugerir que necesitas ayuda y estás a punto de sufrir un ataque de pánico.
- Evita los rituales tranquilizadores, como mover una pierna de manera inquieta, rascarte o «autoabrazarte» (cruzar los brazos con fuerza).
- Muestra las manos durante la entrevista. No las coloques sobre tu regazo si así quedan ocultas por una mesa. Si estás sentado ante una mesa, sitúa los brazos sobre los reposabrazos de la silla; si se trata de una mesa de reuniones, pon las manos sobre la mesa.
- Acompaña tus palabras con gestos enfáticos. Nunca dejes los brazos caídos ni utilices gestos bruscos e irrelevantes.
- Utiliza **gestos de precisión** cuando plantees tus ideas. Uno de los mejores consiste en apuntar con el índice hacia arriba. Junta las puntas de los dedos y sube y baja la mano unas cuantas veces mientras hablas.
- Espira lentamente para relajar el cuerpo y suavizar un poco el tono vocal. La gente relaciona la inteligencia con un tono de voz ligeramente profundo.
- No intentes tirarte un farol si te hacen una pregunta difícil y no sabes responderla. Tu lenguaje corporal será revelador, y tener aspecto de estar mintiendo no te ayudará a parecer eficaz ante los entrevistadores. Honestidad ante todo. Mantén la calma, utiliza el contacto visual e inclínate ligeramente hacia la persona que te haya hecho la pregunta. Contesta que no sabes la respuesta o pide que te reformulen la pregunta si te resulta confusa.
- Sonríe discretamente cada vez que te hagan una pregunta. Parecerá que estás disfrutando con la experiencia.

■ Evita los gestos defensivos: inclinarte hacia atrás cuando te formulan una pregunta, cruzar los brazos, tocarte la cara, rascarte la cabeza, juntar los labios hacia dentro, morderte el labio inferior, parpadear rápidamente o esquivar la mirada.

Cómo parecer una persona accesible

■ La timidez puede parecer atractiva, pero no si transmites la sensación de tener la cabeza en otra parte. No mantengas la cabeza gacha ni permitas que el pelo te tape la cara. Evita las «desconexiones» visuales (mirar a cualquier parte excepto al rostro del entrevistador).

■ Establece un contacto visual agradable desde el momento en que entres en la sala. Acuérdate de mantener una mirada suave, que dé la sensación de que sonríes con los ojos.

■ Inclínate hacia delante para saludar.

■ Muévete con rapidez por la sala para estrechar la mano a los entrevistadores. Aunque ellos deberían dar pie al saludo, tú debes responder con energía e interés en lugar de quedarte esperando.

■ Repite los nombres de las personas que te vayan presentando para hacerles saber que estás haciendo el esfuerzo de recordarlo.

■ Esboza una sonrisa auténtica. Asegúrate de que empiece con los ojos y vaya bajando. Recuerda que la sonrisa se extiende de manera bastante lenta. Si esbozas una sonrisa «relámpago», que aparece y desaparece demasiado rápido, parecerá poco sincera.

■ Saluda a los entrevistadores de cara, frente a frente.

■ Cuando te encuentres con alguien y le saludes, evita parecer distraído. Haz que parezca que lo único que tienes en mente es el hecho de conocer a los entrevistadores.

■ No intentes acelerar los rituales del saludo.

■ Utiliza señales de escucha activa (las encontrarás en la pág. 121).

Evita parecer...

Arrogante

- Permaneciendo de pie o sentándote con las piernas demasiado separadas.
- Manteniendo la cabeza tan alta que parece que mires a todo el mundo por encima del hombro.
- Cerrando los ojos mientras hablas (además de parpadear, obviamente).
- Sonriendo con satisfacción (por ejemplo, una sonrisa de lado con los labios cerrados).
- Juntando las manos con las puntas de los dedos hacia arriba.
- Levantando una ceja.
- Levantando dos cejas en señal de extrañeza cuando te hacen una pregunta, dando a entender que es rara.
- Encogiéndote de hombros.
- Poniendo los ojos en blanco.
- Suspirando antes de responder una pregunta.
- Desplomándote en la silla.
- Sentándote antes de que te inviten a hacerlo.
- Siendo el primero en ofrecer la mano para saludar.
- Dando golpecitos en la espalda mientras estrechas la mano.

Agresivo

- Cruzando los brazos sobre el pecho (altos).
- Señalando cuando hablas.
- Realizando gestos de «cortar» con las manos.
- Mostrando la palma de la mano al entrevistador (en un gesto de «alto»).
- Repantigándote en la silla.
- Cruzando una pierna por debajo de la otra (con la pantorrilla bajo el muslo).
- Dando golpecitos con los pies o con los dedos.
- Chasqueando los nudillos.

- Mirando fijamente.
- Entrecerrando los ojos.
- Apretando las mandíbulas.
- Sonriendo con la boca muy abierta (enseñando mucho los dientes).
- Dándote manotazos en el pecho o sacando pecho.
- Moviendo la cabeza de lado a lado.
- Mordiéndote las uñas o los labios (las autoagresiones de este tipo pueden indicar agresividad reprimida).
- Aspirando con la nariz.
- Mirando por encima de las gafas.
- Pasándote la lengua por los dientes.
- Mascando chicle.
- Resoplando.
- Sentándote con las manos detrás de la cabeza.
- Poniéndote una o las dos manos en las caderas.

Congruencia

Las mejores señales de lenguaje corporal son aquellas que secundan o refuerzan tus palabras, que te hacen parecer auténtico, abierto y honesto. Cuando hablas con normalidad, tus gestos anteceden a tus palabras, ya que para los humanos resulta más sencillo comunicarse con el movimiento corporal que con el lenguaje. Así, los gestos que realices inmediatamente después de tus palabras pueden hacerte correr el riesgo de parecer poco sincero.

Gran parte del análisis del lenguaje corporal es subliminal. Aunque algunos entrevistadores se vanaglorian de ser «expertos» en lenguaje corporal, la mayoría dejarán al instinto o a las emociones las impresiones que se formen de ti y de tu personalidad. Por tanto, cuando digo que hablar antes de gesticular puede hacerte parecer poco sincero, no quiero decir que tu entrevistador vaya a sacar su «libro del espía del lenguaje corporal» para analizar con detalle cada una de tus señales. Más bien hará una «valoración visual», posiblemente sin saber que la está haciendo.

Si tus palabras y tus señales no verbales no coinciden, es posible que des la impresión de que lo que dices es cierto. Por tanto, si explicas al entrevistador que de verdad quieres el trabajo y asientes ligeramente, mantienes el contacto visual y realizas gestos abiertos, es muy probable que te crean. Si, en cambio, niegas con la cabeza, te muestras inquieto o pareces aburrido al tiempo que dices que quieres el trabajo, estarás haciendo lo que se conoce como **manifestación incongruente,** estarás enviando señales mezcladas. Y cuando tus gestos contradicen tus palabras de esta manera, suelen ser los gestos los que se evalúan porque resulta más difícil ajustarlos y, por tanto, son más fiables. Además, la gente tiende a recordar lo que ve más tiempo que lo que oye.

Modificar tu lenguaje corporal

¿La idea de modificar tu lenguaje corporal te hace sentir cohibido y extraño? Si crees que un cambio de posturas o de gestos es lo último en lo que quieres pensar cuando estés bajo presión, en plena entrevista, no estás solo. Sentirse cohibido resulta incómodo. Cuando los animales se sienten incómodos, la opción más natural consiste en regresar a su zona de comodidad. Lógicamente, esto puede sonar a rendirse y olvidarse de las propias señales físicas, o regresar a un estado de error inconsciente, como lo llamarían los psicólogos.

No obstante, existe otra opción: trabajar en las técnicas de lenguaje corporal antes de la entrevista. Mejora, ensaya, crece. Sigue adelante con el cambio. Al cabo de muy poco tiempo estarás dentro de tu nueva zona de comodidad. Utilizarás tu nuevo lenguaje corporal sin pensar en ello conscientemente y sin cohibirte. Podrías aprender una coreografía entera en una semana. ¿Cuánto te van a costar unos retoques en tu lenguaje corporal?

¿Retoques o renovación completa?

La mayoría de las personas a las que entreno son perfectamente capaces de mejorar su imagen y la impresión que causan con sólo unos cuantos retoques sencillos. No es necesario que seas consciente de cada movimiento mientras hablas, sólo de los más importantes.

Piensa un momento en los objetivos del entrevistador. ¿Qué quiere ver durante una entrevista? En el aire flota todo un conjunto de valores animales, sobre todo si es la primera vez que te encuentras con el entrevistador. Por muy sofisticados que intentemos ser en nuestra vida laboral, gran parte de los mensajes visuales guardan relación con los viejos temas de la lucha-huida, el poder y el estatus. La mayoría de los entrevistadores reparan en lo esencial (además de en tus habilidades o competencias físicas o intelectuales) y se fijarán en si eres:

- **normal:** un elemento seguro para aceptarlo en su grupo, su colonia o su tribu;
- **dispuesto a adaptarse:** que muestre deseos de congraciarse con la colonia;
- **aceptable:** que muestre suficientes rasgos que garanticen que será aceptado sin disputas por la colonia;
- **seguro:** que no suponga una amenaza para la colonia.

Éstos son los rasgos básicos. Los criterios varían según los trabajos. También es posible que busquen:

- **habilidades de congraciación externa:** capacidad de llevarse bien con los clientes;
- **habilidades de lucha:** seguridad y fuerza para promover y llevar a cabo cambios en la colonia existente;
- **habilidades de liderazgo:** capacidad de hacer cumplir los requisitos existentes en la colonia.

Para sobresalir en estos aspectos esenciales mediante las señales del lenguaje corporal sólo se requiere conocer bien las conductas animales.

Los animales carecen de la capacidad de hablar, y por eso necesitan demostrar a los animales con los que se encuentran por primera vez cuáles son sus intenciones, y necesitan hacerlo con bastante rapidez y con muy poco margen de error. Cuando acudas a una entrevista, lo primero que debería preocuparos es mostrar que ambos venís en son de paz. Ahí comienza tu congraciación y tu aceptación.

En el mundo de los simios, eso equivale a señales adecuadas de entendimiento (razón por la que saludamos con un apretón de manos). El mono sumiso ofrece su pezuña y tú ofreces tu mano. El entrevistador ofrece primero la suya como señal de que ocupa un rango superior.

Cuando estrechas la mano, sonríes. Cuando un mono quiere hacer amigos, separa un poco los labios de los dientes. Si quiere luchar o matar, separa los labios completamente al tiempo que gruñe. Por eso es tan importante que tu sonrisa no parezca falsa y exagerada.

A medida que avanza la entrevista, es importante que no le robes al entrevistador su estatus. En ese momento al menos es el elemento alfa; por tanto, utilizar más espacio, sentarse o permanecer a mayor altura, o vestirse para parecer más elegante o más solvente podría ser un error por tu parte. Los entrevistadores no lo admiten, pero no les gusta que se ponga en entredicho su superioridad durante una entrevista. Por eso son tan importantes las normas de comportamiento.

Correo con la dirección equivocada

Sería muy extraño que intentases dar una impresión negativa deliberadamente durante una entrevista de selección. No obstante, sí es posible autoboicotearse sin querer en cuanto a la imagen. ¿Cómo? Algunas facetas de tu personalidad son capaces de provocar un malentendido visual. Pongamos la timidez como ejemplo. No hay nada de malo en ser tímido. Yo misma lo soy. El problema es que la timidez tiene lo que los médicos llaman **síntomas de presentación** que podrían conducir a un diagnóstico erróneo. Por ejemplo, la falta de contacto visual, los movimientos inquietos o caminar arrastrando los pies pueden sugerir desinterés e incluso grosería. Tu incapacidad para sonreír podría interpretarse como una falta de deseo de ser sociable o de indiferencia. El rubor y el sudor pueden verse como señales de culpabilidad en lugar de vergüenza, y esa risita nerviosa podría implicar que tienes el cerebro atrofiado cuando en realidad te sientes intimidado.

Por tanto, cuando trabajes en tu lenguaje corporal no sólo estarás intentando causar una buena impresión añadiendo señales a tu repertorio (confianza, encanto, carisma), sino que además borrarás las señales negativas (aburrimiento, sensación de estar perdido) y modificarás las que no están motivadas por pensamientos negativos pero podrían provocar una impresión equivocada (nervios y timidez).

Mueve ese cuerpo

Se necesitan menos de treinta días para aprender un nuevo hábito y para que el cuerpo introduzca nuevos movimientos en la **memoria de los músculos,** lo que permite realizar movimientos a través del pensamiento consciente. Por tanto, en el tiempo que tengas antes de tu próxima entrevista no deberías limitarte a ensayar respuestas a las preguntas y a pulir tu currículum.

Mantén los hombros bajos. La tensión provoca contracciones musculares que harán que levantes los hombros hacia las orejas, y es posible que los brazos (desde los hombros hasta los codos) empiecen a pegarse a los costados. Deja un pequeño espacio entre los brazos y el cuerpo; para ello, baja los hombros y separa ligeramente los codos del cuerpo.

Coloca la pelvis hacia atrás y hacia abajo (¡pero muy sutilmente!). De este modo estirarás la espalda de forma natural.

MÍRATE EN EL ESPEJO

Consigue un espejo de cuerpo entero y coloca delante una silla.

Si es posible, vístete con la ropa que vayas a llevar a la entrevista; si no, bastará con un conjunto de estilo similar (una chaqueta y una camisa, por ejemplo). Si vas a llevar falda, ponte algo parecido. El lenguaje corporal con pantalón es muy distinto a los movimientos que se realizan cuando se lleva falda.

Siéntate lo más lejos que puedas del espejo. Sería ideal que pudieses colocarlo orientado de cara a una puerta para poder ensayar la entrada. Si no es así, finge que abres una puerta.

Haz una pausa y tómate un momento. Estírate bien, gira los hombros hacia atrás y abajo, y espira lentamente.

Mientras dejas salir el aire, relaja la expresión facial. Empieza por los ojos. Imagina que estás a punto de acercarte a tu mejor amigo. ¿Qué tipo de señales oculares utilizarías? En este caso, debes buscar el contacto visual, incluyendo una agradable «sonrisa con los ojos». Cuando consigas una expresión relajada y segura, puedes sonreír con la boca. Recuerda que se trata de crear conscientemente una expresión que casi siempre se produce de manera inconsciente, así que no te preocupes si parece horrible las primeras veces que practiques. Sigue intentándolo hasta que la cara que veas reflejada en el espejo te parezca vagamente humanoide, y después insiste hasta que parezca agradable y accesible.

Mírate de nuevo en el espejo. ¿Parece que acabas de ingresar en el ejército? Si te da la impresión de que sí, es que estás exagerando. Relájate y empieza de nuevo. ¡No tiene que parecer que estás en un desfile! ¿Tienes la barbilla demasiado alta? ¿Llevas los hombros muy atrás en lugar de bajarlos? Espira poco a poco e inténtalo de nuevo.

Utiliza un maletín a modo de complemento; es probable que lleves uno cuando acudas a la entrevista. No utilices un bolso con bandolera, ya que la tira tiende a resbalar y acabarás agarrándola. El bolso no debería hacerte adoptar posturas en las que cruces los brazos sobre el cuerpo. Un maletín o una cartera son ideales. Llévalo en la mano izquierda, así tendrás la derecha libre para los saludos.

Cuando entres por la puerta (o finjas que entras), intenta no darte la vuelta. Una vez dentro, cierra la puerta sin dejar de mirarte al espejo. Sonríe y relájate. Es la maniobra más difícil que vas a ensayar, pero el esfuerzo merece la pena porque resultarás mucho más carismático.

Avanza hacia el espejo como si te estuvieses acercando al entrevistador, que te espera para estrecharte la mano. Extiende el brazo, establece contacto visual y mantén la sonrisa relajada. Recuerda que, probablemente, a estas alturas ya estarás hablando. Prueba a presentarte en voz alta. (Abordaremos las presentaciones verbales y las charlas informales en el capítulo 8.)

Imagina que el entrevistador te ofrece asiento. Siéntate en la silla que has colocado delante del espejo. Deja la cartera en el suelo, a tu lado, mientras retrocedes y tocas la silla con la pierna para comprobar dónde está. Si llevas falda, sujétatela por detrás y siéntate.

Tomar asiento requiere dos movimientos. Nunca te dejes caer directamente en la silla, pegándote al respaldo. Empieza sentándote en el borde y después retrocede.

Siéntate con la espalda pegada al respaldo, de manera que parezcas seguro en el espacio. Si eres bajito y no te llegan los pies al suelo, siéntate un poco más adelante.

Coloca los codos en los reposabrazos de la silla y las manos en tu regazo. Si la silla no tiene reposabrazos, puedes agarrarte ligeramente las manos y colocarlas sobre las piernas, a un lado.

Cruza las piernas, pero no con la pantorrilla sobre el muslo, porque te haría parecer arrogante, y tampoco a la altura de los tobillos porque da una imagen remilgada.

Otra opción es sentarte con las piernas un poco separadas, pero sólo si eres muy corpulento.

Nunca pongas los pies debajo de la silla, ya que sugiere un deseo de ocultarse.

¡Y no pases los pies alrededor de las patas de la silla!

Nunca cruces las piernas más de una vez. Si tienes las piernas cortas, esta indicación podría parecerte confusa, pero las chicas con las piernas como palos (y es mi caso) pueden «enrollar» una pierna alrededor de la otra.

Nunca balancees la pierna cruzada.

No cruces los brazos ni te pongas las manos en el torso.

Imagina que estás hablando. Trabaja el contacto visual (aunque estés solo) y ve mirando a cada entrevistador mientras hablas.

Habla ante el espejo y responde a preguntas imaginarias. Mientras hablas, realiza gestos abiertos y enfáticos manteniendo las manos en el espacio comprendido entre los hombros y la cintura. Si descubres que estás realizando movimientos nerviosos o que gesticulas mucho con las manos, agítalas (los brazos también) unos segundos y empieza de nuevo.

Ensaya tus comunicaciones de refuerzo (asentir con la cabeza, decir «sí», «de acuerdo», «bien») para confirmar que estás escuchando.

Si jugueteas con pulseras o anillos, quítatelos y vuelve a empezar.

A continuación, ensaya las señales de escucha. Imagina que tu entrevistador invisible te está hablando. Mantén el contacto visual, asiente con la cabeza, inclínala, etcétera. Ensaya la «pausa para pensar» antes de responder (mira hacia abajo y a la izquierda durante unos segundos antes de restablecer el contacto visual).

Cuando empieces a dominar la situación, te iría bien ensayar algunos momentos delicados. Imagina que te hacen una pregunta extremadamente difícil. Inclínate ligeramente hacia delante y mantén el contacto visual, pero sin convertirlo en una mirada fija. No te rías ni adoptes una actitud petulante, pero tampoco te pongas a la defensiva ni te muestres incómodo. Haz una pausa para pensar y responde.

Ahora imagina que te hacen una pregunta poco apropiada (por ejemplo, si tienes hijos o si estás casado). Ensaya tu respuesta y analízala. Recuerda que es un error de ellos, no tuyo, así que elimina cualquier señal de incomodidad (risita nerviosa, dejar caer la cabeza o gesticular en exceso). Mantén la calma y la confianza. No adoptes una actitud de enfrentamiento o agresividad. Intenta poner una sonrisa agradable y mantén el contacto visual, da una respuesta verbal breve pero enfática y espera a la siguiente pregunta.

Imagina que la entrevista se termina. Levantarte y recoger tu bolso mientras sigues hablando o eres observado puede ser una maniobra más difícil de lo que imaginas. Inclínate hacia delante, toma tu cartera por el asa y sujétate apoyando la otra mano en el reposabrazos de la silla. A continuación, levántate. Ya de pie, haz una pausa (he visto a algunos candidatos que nunca se yerguen del todo y se quedan medio encogidos mientras hablan, como Groucho Marx).

Saluda con un apretón de manos y continúa con las mismas técnicas de contacto visual y sonrisa coherente. Sal de la sala.

No todas las entrevistas transcurren en sillas estándares. Algunos entrevistadores prefieren asientos más informales, como un sofá. Aunque sus intenciones son buenas, puede suponer una pesadilla para el entrevistado. Los sofás tienden a ser más bajos que las sillas normales, y los asientos son más largos. Eso te obliga a «dejarte caer» sin saber a ciencia cierta dónde vas a aterrizar. Como en el caso de una silla normal, siéntate primero en el borde y después retrocede hasta el respaldo. Mantén la compostura; repantigarse no es una buena opción.

Desabotónate la chaqueta. En el capítulo siguiente encontrarás consejos sobre la indumentaria, pero cuando ensayes comprueba si la ropa que vas a llevar a la entrevista te favorece o te perjudica. Cuando te sientes, desabotónate la chaqueta para estar más cómodo y evitar que los hombros de la prenda queden demasiado altos.

Atención a los calcetines. A veces no nos damos cuenta de que llevamos una parte de las espinillas al descubierto (entre los calcetines y el pantalón) hasta que cruzamos las piernas. Las medias de calcetín hasta la rodilla no son adecuadas para llevar con falda, aunque algunas las lucen en las entrevistas y dejan a la vista ese elástico tan poco favorecedor cuando cruzan las piernas.

Atención a la falda. Antes, la falda era la prenda formal adecuada para las mujeres de negocios, pero ahora es totalmente opcional. Las faldas elegantes vuelven a estar de moda, y por eso cada vez más mujeres se deciden a utilizarlas para las entrevistas. Si es tu caso (y sobre todo si normalmente utilizas vaqueros y similares), ensaya mucho con tu falda de tubo. Algunos modelos engañan mucho: quedan a una discreta altura por la rodilla cuando estás de pie, pero dejan a la vista demasiado muslo cuando te sientas.

Hay faldas con aberturas delanteras o laterales que de repente se abren como una cortina y muestran al entrevistador una porción de auténtica celulitis, y también están aquellas horribles aberturas traseras que llegan hasta donde la espalda pierde su nombre. Resulta perfectamente posible lucir ese corte trasero sin ni siquiera ser consciente de su presencia, ya que muchos nos olvidamos de echarnos un vistazo por detrás cuando nos miramos en el espejo. Hazlo. Sé que esa abertura es imprescindible para caminar, pero también es habitual que se suelten algunas puntadas cuando subimos al autobús o a un taxi. Cuando se trata de que te tomen en serio para un trabajo, no es muy conveniente dejar ver más de la cuenta.

¿Hay alguna otra parte de tu anatomía que el atuendo para la entrevista no cubre como convendría? ¿Los botones de la camisa se abren? ¿Te aprieta demasiado el cuello? ¿La corbata te queda torcida? ¿La camisa se te sale del pantalón? ¿Se ve carne por algún lado? ¿Las costuras están a punto de reventar? ¿Se te ve la tira del tanga o la parte superior de las bragas? Soluciónalo. Tu indumentaria debe permitirte sentarte y permanecer de pie con elegancia, sin ningún trauma sartorial que te eclipse y eche a perder el espectáculo.

Leer el lenguaje corporal del entrevistador

El lenguaje corporal es un proceso de doble sentido. Mientras tú te ocupas de enviar las señales adecuadas a través de tu propio lenguaje corporal, no dejes de prestar atención a la comunicación no verbal del entrevistador.

Resulta mucho más complicado que ajustar tus propios gestos y tu expresión. ¿Por qué? Porque existen muchas variables. No obstante, es imprescindible que te mantengas receptivo aunque estés ocupado en recordar que no debes ser demasiado crítico.

Muchas guías sobre lenguaje corporal sugieren que cada gesto tiene un objetivo principal. Esto significa que puedes creer que si alguien se toca la nariz es que está mintiendo, o que si cruza los brazos es una señal de que está nervioso. Si fuese así de fácil, ahora mismo estaría en Las Vegas forrándome en todas las partidas de póquer. El hecho es que cada gesto puede tener varios significados, y algunos casi contradictorios. Cruzar los brazos, por ejemplo, puede indicar una actitud defensiva o agresividad. Depende de cómo se realice el gesto.

Cuando estudies tus propias señales corporales, es importante que te concentres en lo que parecen comunicar a los demás y no en lo que tú sientes cuando las realizas. Cuando interpretes las señales de los demás, estarás buscando la verdad. Y eso no se encuentra con un solo gesto, sino más bien en el **conjunto de señales.**

Conjunto de señales

Si extraes una palabra de una frase, puede resultar complicado definirla. Lo mismo ocurre con un gesto sacado de contexto. Para obtener una visión más precisa de los pensamientos y los sentimientos de una persona tendrás que valorar el conjunto y comparar los gestos.

Dicho en términos empresariales: la persona que te entrevista empieza inclinándose hacia delante y estableciendo contacto visual, sonriendo y asintiendo con la cabeza. En algún momento de la entrevista deja de sonreír y desvía la mirada hacia la puerta.

¿A qué se debe?

■ Está completamente aburrida y desea acabar.
■ Acaba de enterarse de que se ha declarado un incendio en la oficina contigua.
■ Necesita ir al lavabo urgentemente.

Para acercarte más a la verdad tendrás que examinar otras pruebas. ¿También ha dejado de asentir con la cabeza? ¿Su lenguaje corporal ha empezado a dar muestras de estrés o ansiedad? ¿Se le ha apagado la mirada? ¿Se mueve inquieto en la silla?

Este análisis del conjunto de señales puede parecer un proceso largo y complejo, pero lo cierto es que el cerebro es capaz de hacerlo en unos segundos. El punto clave, por tanto, es: **¡sé receptivo!** (pero no te precipites en tus conclusiones).

Conecta a medida que vas hablando. Sitúa tu cerebro y tus aptitudes en lo que los atletas llaman **la zona** y en lo que yo llamo **el momento.** Céntrate en la sala y en tus pensamientos, no te evadas. Tienes que estar alerta, sagaz y centrado. Y, por favor, no interpretes las señales corporales de tu entrevistador desde la paranoia. Quiero decir que no leas cada uno de sus gestos desde una perspectiva negativa. Los gestos o las expresiones individuales pueden tener varios significados, así que no te precipites y llegues a la conclusión de que una mirada prolongada significa desaprobación o que ese desvío de la mirada quiere decir que le aburres. Ambos gestos pueden ser señales de concentración.

Los siguientes síntomas son sólo una guía. Búscalos, pero valóralos en función del resto de señales del entrevistador.

Señales de que el entrevistador está conectado

- Sonrisa auténtica, simétrica, que incluye también los ojos.
- Movimientos de cabeza que parecen seguir el ritmo de tu intervención.
- Inclinarse hacia delante.
- Copiar sutilmente tu lenguaje corporal (por ejemplo, sonreír cuando tú lo haces, adoptar posturas similares).
- Apenas se mueve cuando tú hablas.
- No realiza movimientos nerviosos.
- Primero escucha y después toma notas.
- Gestos abiertos.
- Utiliza un gesto del brazo y la mano conocido como **abrazo vacío** (dirige las manos hacia ti con las palmas juntas).

Señales de que el entrevistador ha desconectado

- Sonrisa rígida y forzada.
- Bostezos reprimidos.
- Hace algo mientras hablas (por ejemplo, garabatea o repasa papeleo).
- Toma notas al tiempo que tú hablas (puede parecer que está apuntando cada una de las palabras que pronuncias, pero estar realmente conectado implica el deseo de mirar a la persona que habla además de anotar las ideas básicas).

143

- Se toca la cara.
- Apoya la barbilla en la palma de la mano.
- Atiende llamadas.
- Se inclina hacia atrás y cruza los brazos.
- Se separa de la mesa.
- Desvía el torso y lo sitúa en ángulo.
- Mira hacia arriba y a la izquierda.
- Se estira como si intentase despertarse.
- Ofrece respuestas de lenguaje corporal erróneas (por ejemplo, se ríe cuando acabas de explicarle el problema que tuviste en tu anterior trabajo).
- Incrementa de forma repentina las señales para tranquilizarse, como tocarse el pelo, morderse las uñas o juguetear con las joyas.
- Incrementa de forma repentina las señales de impaciencia, como moverse inquieto, tocarse el reloj o resoplar.
- Sitúa ambas manos sobre la mesa, con las palmas hacia abajo (sobre todo si exagera el gesto).
- Apila u ordena los papeles, o los guarda.
- Gestos metronómicos (por ejemplo, dar golpecitos).

Posibles gestos de desaprobación

- Fruncir las cejas unos segundos, levantarlas rápidamente y bajarlas.
- Fruncir los labios.
- Colocar los dedos bajo la barbilla, con un dedo en una mejilla.
- Inclinar la cabeza hacia un lado.
- Fruncir el ceño.
- Entrecerrar los ojos.
- Encoger la boca.
- Asomar ligeramente la lengua.
- Proyectar la mandíbula inferior.
- Proyectar el labio inferior.

- Apretar los dientes.
- Sonrisa asimétrica.
- Señales de alerta, como una mirada rápida pero cargada de significado, o levantar un dedo.
- Parpadeo acelerado.
- Señales de desconexión, como bajar la cabeza o cerrar los ojos.
- Bloqueos oculares (por ejemplo, parpadeo lento y largo).
- Mirar rápidamente de un lado a otro (sin mover la cabeza).
- Manotazos repentinos.
- Cruzar las piernas y sujetárselas con las manos.
- Sonrisas repentinas y muy breves.

Qué hacer si crees que les estás aburriendo

Si detectas un cambio de ánimo durante la entrevista y crees que podría deberse a algo que has hecho o dicho, intenta no centrarte en los últimos minutos: el análisis excesivo te hará correr el riesgo de estropear el momento presente. Existen dos cuestiones que tienes que valorar rápidamente:

1. ¿La actitud del entrevistador ha cambiado mientras estabas hablando? Si es así, ¿qué podría haber provocado ese cambio?
2. Algunos entrevistadores expresan muy claramente sus sentimientos si tus respuestas no les satisfacen. Es probable que utilicen también afirmaciones verbales del tipo «¿De verdad?», «¿Sí?», «¿Eso es todo?».

Intenta mantener la calma. El pánico, por muy leve que sea, no te ayudará a recuperar el equilibrio.

Pregúntate si es negativo haber provocado una polémica. ¿Estás solicitando un trabajo que implica revisar procesos y conductas existentes? No todos los entrevistadores buscan una persona que diga «sí» a todo.

Hay una cosa que puede empeorar la situación, y es intentar rectificar lo que acabas de decir. Si has expresado una opinión y lo has hecho con total convencimiento, un cambio repentino sólo porque crees que no están de acuerdo contigo te haría parecer poco sincero. Durante un tiempo trabajé para una empresa que tenía la costumbre de preguntar al entrevistado qué periódico leía. Dijese lo que dijese el solicitante, el entrevistador le miraba sorprendido y ligeramente disgustado: «¿*The Times*? ¿Lees *The Times*?».

También preguntaban por opiniones básicas: «¿Crees que reciclar debería ser tarea del gobierno o de los ciudadanos?». De nuevo, la respuesta —cualquiera que fuese— era recibida con desaprobación. Más de la mitad de los solicitantes retrocedían rápidamente creyendo que habían cometido un error. Sin embargo, intentar corregir el supuesto

DIEZ MANERAS FÁCILES DE CAUSAR UNA MALA IMPRESIÓN

10

- ■ Saludar con la mano sudada.
- ■ No establecer contacto visual.
- ■ Mascar chicle.
- ■ Encogerte de hombros cuando te formulen una pregunta.
- ■ Reírte en momentos inoportunos.
- ■ Decir mal el nombre de la empresa o de sus productos.
- ■ Llevar los zapatos sucios.
- ■ Preguntar en primer lugar por el salario o un aumento de sueldo.
- ■ Decir «*seh*» en lugar de «sí».
- ■ No apagar el móvil.

error les restaba puntos para conseguir el trabajo, ya que la empresa les veía como personas aduladoras y poco dignas de confianza.

Evita siempre el lenguaje corporal nervioso o defensivo. No cruces los brazos de pronto, convirtiéndolos en una barrera, o muestres agitación con la mirada. Intenta mantener la misma postura que tenías cuando realizaste tu comentario, pero haz una pausa para juzgar su reacción y escuchar lo que te dicen. Si es necesario, explica un poco más tus opiniones, pero no utilices palabrería hueca. Cuando los ritmos y los patrones de tu lenguaje corporal empiecen a decaer, podría resultarte difícil recuperar la compostura.

DIEZ MANERAS FÁCILES DE CAUSAR UNA BUENA IMPRESIÓN

10

- Saludar con un apretón firme y con la mano seca.
- Mirar a los ojos al entrevistador, sobre todo cuando le escuches.
- Sonreír en los momentos oportunos.
- Mostrarse entusiasta y enérgico.
- Demostrar que conoces el trabajo, la empresa y el producto o servicio que ofrece.
- Llevar los zapatos limpios (pero no recién estrenados).
- Utilizar gestos enfáticos con las manos para manifestar la emoción adecuada en el momento adecuado.
- Mostrarse congruente; asegúrate de que tus palabras, tu tono de voz y tus gestos transmitan el mismo mensaje.
- Copiar el lenguaje corporal del entrevistador (¡con sutileza!).
- Dar las gracias antes de marcharte y despedirte con otro apretón de manos.

EN RESUMEN

■ Toma conciencia de tus primeras impresiones: el entrevistador empezará a analizarte desde el momento en que entres en la sala.

■ Trabaja las normas de comportamiento: aprende a estrechar la mano, a saludar y a recorrer una sala en los eventos para establecer contactos.

■ Utiliza técnicas de lenguaje corporal, como la del espejo, para crear un ambiente de armonía.

■ Adáptate al estilo de comunicación del entrevistador para crear conexión y entendimiento.

7 INDUMENTARIA

En este capítulo averiguarás todo lo necesario para vestirte adecuadamente para las entrevistas, desde la elección del traje hasta el color de la corbata o el tamaño de la cartera o el bolso. Entre los consejos y las técnicas que encontrarás figuran:

■ cómo elegir el traje adecuado en función del puesto;
■ qué significan realmente «elegante» e «informal»;
■ los accesorios adecuados;
■ cómo pueden influir los colores en la percepción de tu personalidad y tu estado de ánimo por parte del entrevistador.

Por qué «elegante» equivale a «seguro»

La elección del atuendo ideal para una entrevista es mucho menos aleatoria de lo que podrías pensar. Aunque la moda posibilita estilos, cortes y colores muy variados, sólo un pequeño porcentaje de empresas aprovechan esa libertad de expresión. Y un porcentaje todavía más reducido se alegrarían de ver una indumentaria que no sea formal y clásica durante una entrevista de selección de personal.

CÓMO PARECER «RARO»

La individualidad, e incluso la excentricidad, no tienen nada de malo (¡si así fuese, yo tendría un gran problema!), pero una entrevista de trabajo no es la ocasión más oportuna para airear la parte excéntrica de tu personalidad. La uniformidad puede parecer aburrida, pero para la mayoría de los entrevistadores también resulta «segura». Recuerda que su intención es presentarte e integrarte con el resto de sus empleados/clientes, así que guárdate tu rollo «¡Yo tengo carácter!» e intenta parecer humanoide durante un par de horas.

Olvídate de:

- bandoleras;
- bisutería;
- *piercings* (valen los de las orejas) o tatuajes, a menos que solicites un puesto en un estudio de tatuaje;
- terminar todas tus afirmaciones con una risa repentina y nerviosa;
- sorberte la nariz;
- morderte las uñas mientras hablas;
- mirar fijamente.

- mostrar demasiada carne (escote o piernas);
- servirte más de dos azucarillos en el té o el café;
- tomar más de una galleta (si te ofrecen);
- mirar el reloj con insistencia;
- utilizar un bolígrafo mordido;
- llevar una bolsa de plástico;
- calcetines o corbatas con dibujos animados;
- llevar sombra de ojos del mismo color que la ropa;
- llevar sombrero o gorra;
- llevar uñas largas postizas;
- llevar la música de *Psicosis* en el móvil;
- llevar chanclas;
- llevar un collar con tu nombre (o cualquier otra prenda);
- que se te vea la ropa interior sobresaliendo del pantalón;
- los brillos de todo tipo;
- la alta costura, a menos que la entrevista sea para *Vogue*;
- los pañuelos de tela;
- las pajaritas y los pañuelos de cuello;
- los cinturones con hebillas grandes, sobre todo si son de calaveras;
- los pendientes muy largos;
- el satén (sólo si lo llevas en una blusa);
- los estampados florales;
- las medias de colores;
- las botas de vaquero.

Parecer elegante y vestir con elegancia tienen implicaciones psicológicas que van más allá de lo que podría ser el código de indumentaria normal de una empresa. Podrías pensar en la posibilidad de arriesgarte con tu vestuario en un intento de transmitir individualidad y personalidad, pero eso no es lo que suelen buscar las empresas. Muy pocos entrevistadores son dados a correr riesgos y buscan lo que mejor encaje con el puesto vacante.

Un graduado en Tecnología de la Información llevó traje y corbata a su primera entrevista y al llegar descubrió que toda la empresa era abiertamente informal. Se quitó la corbata y se desabotonó el cuello de la camisa, pero en el informe posterior a la entrevista le dijeron que apreciaban el gesto de haberse presentado con un atuendo formal.

A una chica que solicitó una plaza en una facultad de arte para estudiar diseño textil le dijeron que habían estado a punto de rechazarla porque se había presentado con una falda de tubo y una camisa elegante, un atuendo que no consideraban suficientemente artístico para su centro.

La joven se presentó en la siguiente facultad con vaqueros y una parka, y el entrevistador con el que se reunió llevaba un traje de tres piezas y pajarita.

Los mensajes que enviarás a través de tu indumentaria serán los siguientes:

- **normas de conducta:** un traje elegante y formal transmite respeto y que consideras la entrevista como una oportunidad;
- **estatus:** la ropa elegante sugiere un estatus más elevado;
- **autoestima:** existen vínculos muy claros entre un aspecto elegante, bien cuidado, y la seguridad en uno mismo;
- **integración en el grupo:** al vestirte como el grupo al que deseas unirte, ayudas a sus integrantes a que te vean como un miembro potencial;
- **tu personalidad:** ¡esa corbata podría transmitir mucho más de lo que imaginas!;
- **tu estado de ánimo:** ir de beis o de gris de pies a cabeza puede sugerir depresión.

Como ves, resulta imprescindible que te vistas adecuadamente. Sólo puedes arriesgarte y mostrarte más moderno o «rebelde» si:

- sabes con seguridad que la empresa cuenta con pensadores excepcionalmente creativos y extravagantes tan respetados que aceptará de buen grado cualquier propuesta;

- solicitas un puesto de presentador para un programa infantil de televisión;
- sabes que la empresa está desesperada por ocupar la vacante y no tiene más candidatos;
- en realidad no quieres el trabajo;
- eres hijo/hija del dueño de la empresa.

Higiene personal

En este terreno no puedes correr riesgos: tu aspecto aseado envía señales imprescindibles de corrección y respeto. Los puntos de la siguiente lista pueden parecer obvios, pero léela de todos modos (la mayoría de los entrevistadores tienen alguna historia de terror que contar).

Consejos generales

Son válidos para hombres y mujeres.

- Dúchate o báñate el día que tengas la entrevista.
- Utiliza un buen desodorante, a ser posible sin perfume.
- No pienses que un perfume o una colonia sirven como sustitutos de la ducha.
- Evita los aerosoles que dejan marcas blancas, sobre todo si vas a llevar ropa negra.
- Si tienes un problema con el olor de pies, utiliza un buen producto.
- Y no estaría de más ponerte unas plantillas de carbono en los zapatos que vayas a llevar a la entrevista.
- Los zapatos retienen los olores. Aunque tengas los pies limpios, el calor que desprenden puede provocar malos olores (sobre todo si tus zapatos son de goma o de plástico).

- Lleva el pelo bien limpio. El pelo lavado el día anterior puede parecer limpio, pero absorbe olores (de la cocina, del humo o si vas en metro).
- Si utilizas gel fijador, hazlo con moderación. El pelo con exceso de gel parece pegajoso.
- Invierte en un buen corte de pelo fácil de peinar.
- No tomes platos que lleven ajo o cebolla el día anterior a la entrevista. Utiliza algún aerosol bucal para refrescar el aliento, por si acaso.
- Lleva las uñas impecables. Límpiatelas bien, utiliza un palito de manicura para retirar la suciedad más incrustada, y llévalas bien cortadas y limadas.
- Si te muerdes las uñas, haz el esfuerzo de dejarlo antes de las entrevistas. Las uñas mordidas transmiten ansiedad. Prueba a pintártelas o utiliza algún producto de sabor amargo; incluso puedes ponerte unos guantes de algodón a ratos.
- Si estás resfriado o con un ataque de alergia, explícalo y discúlpate, y ten a mano un pañuelo (¡no te sorbas la nariz!).
- No aparezcas con los dedos amarillos por la nicotina.
- Asegúrate de que la ropa que lleves a la entrevista esté recién lavada y planchada. Si el trayecto hasta las oficinas es largo, lleva la chaqueta en una bolsa especial y cuélgala en la parte trasera del coche; si vas en transporte público, llévala sobre un brazo. No te presentes con la ropa totalmente arrugada.
- Lleva un pequeño costurero de viaje por si se te cae un botón o alguna costura empieza a abrirse...
- ... y un cepillo para la ropa.
- Lleva los zapatos bien limpios y en buen estado.

¡Para los hombres!

- No lleves calcetines de nailon.
- Recórtate los pelos de la nariz y de las orejas.
- Aféitate bien. Si la barba te crece muy rápido y la entrevista es

al final del día, llévate una afeitadora sin cable para afeitarte antes de entrar.
- Utiliza colonias ligeras y cítricas. No abuses, ya que es posible volverse inmune al olor al cabo de un par de horas.
- Si llevas algún *piercing*, quítatelo.
- Lleva una corbata de recambio por si te cae comida o bebida en la que llevas puesta.

¡Para las mujeres!

- Si utilizas medias, lleva unas de recambio.
- Sé muy discreta con las joyas y no lleves nada que haga ruido (por ejemplo, pulseras con colgantes).
- Evita los perfumes muy fuertes.
- No te pases con el maquillaje: lo mejor es un aspecto natural.
- Evita las uñas largas postizas y cualquier forma de adorno en las uñas.
- Evita los esmaltes de colores fuertes: lo mejor es utilizar un tono neutro (pero no la manicura francesa).
- Evita los accesorios de pelo recargados.
- Si tienes el pelo largo, piensa en la posibilidad de recogértelo.

Estilo

General

El traje que lleves debería ser de lana ligera. Sería estupendo si encontrases una tela con mucha caída (es decir, movimiento). Algunos trajes están confeccionados con telas bastante rígidas que no favorecen nada.

Comprueba cómo se arruga la tela antes de comprar. Aprieta un poco de tela, mantenla unos segundos y suéltala. ¿Está arrugada? Si es así, no compres la prenda.

El lino es una tela estupenda para el verano, pero no para una entrevista de trabajo.

Si vas a comprarte una chaqueta o un traje, examina primero las costuras. No debería haber ninguna arruga o tirantez; revisa todas las prendas que tengan de tu talla y elige la que esté en mejores condiciones.

Cuando planches un traje, hazlo con un paño limpio encima de la prenda. Nunca pases la plancha directamente sobre la tela.

Cuando compres un traje, presta mucha atención a la talla. Un traje caro parecerá barato si te queda muy apretado, pero un traje barato puede parecer de mejor calidad si te queda bien. Asegúrate de que los botones abrochen bien, sin esfuerzo, y nunca compres una chaqueta de una talla más pequeña con la intención de llevarla abierta.

Comprueba el ancho de hombros y la talla de cintura. Las mangas deben llegarte como máximo al talón de la mano, y el pantalón debería presentar una sola «arruga» antes de llegar al zapato. Si es demasiado corto, dará la impresión de que se te ha quedado pequeño; si es demasiado largo, parecerás un colegial en su primer día.

Intenta llevar todos los bolsillos vacíos. Los hombres tienden a utilizar la ropa a modo de «bolsa», pero así estropean las líneas del traje porque presentan bultos por todas partes.

Vacía los bolsillos de la chaqueta y el pantalón: fuera bolígrafos, teléfonos, pañuelos, dinero y cualquier otra cosa que puedas llevar. La mayoría de los trajes de mujer se venden con los bolsillos cosidos. Lo mejor es que los dejes así.

Hombres

Las chaquetas con una sola línea de botones deben llevarse abrochadas con el botón central; desabróchalo antes de sentarte.

Las chaquetas cruzadas deben ir siempre abotonadas.

Actualmente están de moda las chaquetas masculinas con cuatro o más botones. Si te compras una para la entrevista, comprueba si te resultará sencillo desabotonarla antes de sentarte.

Los abrigos masculinos no están muy de moda, pero si regresan y te haces con uno, recuerda llevar abierto el botón inferior.

En cuanto a las camisas, las ideales son las lisas. Bien planchadas.

Los puños deben llegar al talón de la mano. Los gemelos quedan muy bien en un conjunto inmaculado y formal, pero sólo si se llevan los puños doblados.

Mujeres

Un traje de pantalón o falda elegante es el clásico para las entrevistas, aunque una chaqueta y una falda o un pantalón son perfectamente válidos.

Las telas lisas son más adecuadas que las de cuadros o topos, por ejemplo. Los estampados muy vistosos pueden desviar la atención que quieres que te dediquen a ti.

Evita los estampados florales, ya que resultan poco profesionales y un poco cursis.

Las telas brillantes, como el satén, sólo son recomendables para llevar por la tarde-noche. Para evitar los brillos no deseados, asegúrate de no planchar tus prendas por fuera.

Si vas a llevar una chaqueta corta, comprueba que el pantalón o la falda encaje bien. Resulta complicado encontrar pantalones de mujer con un buen corte y una buena hechura, pero una forma poco favorecedora puede quedar horrible si no llevas una chaqueta más larga que tape el trasero y los muslos.

El largo de las faldas debe ser por las rodillas, aunque esté de moda llevarlas más cortas o más largas.

El largo de la chaqueta dependerá de tu altura. Las mujeres más altas pueden llevar chaquetas más largas (de una sola fila o cruzadas, según la moda). Las prendas más cortas, o justo por la cintura, no son muy favorecedoras en estos casos. Las mujeres bajitas deben prestar más atención al largo de la chaqueta, que será de una sola fila de botones.

Los bajos vueltos de los pantalones han vuelto a ponerse de moda (no tanto para los hombres). Tienden a acumular pelusa. Recuerdo una ocasión en que una candidata cruzó las piernas, muy segura de sí misma. Todos vimos cómo le caía de los bajos un montón de pelusa gris.

Las chaquetas de punto también han vuelto. Quedan muy bien como prenda de moda, pero para la entrevista dan un poco la sensación de «antiguas».

Debajo de la chaqueta es mejor utilizar un top sencillo de cuello redondo que una camisa. Yo no recomiendo las camisas para las mujeres cuando se lleva americana, ya que no utilizamos una corbata que mantenga el cuello en su sitio.

Un atuendo elegante alternativo sería un vestido sencillo, con un buen corte, o una camisa elegante por dentro del pantalón o de la falda.

Los abrigos quedan bien, igual que los vestidos negros sin mangas, por las rodillas, con una chaqueta larga (que cubra todo el largo del vestido) o más corta.

Colores

Si vas a comprarte un conjunto para una entrevista, es mejor mantenerse en el ámbito del mundo empresarial: azul marino, gris, gris marengo o negro como los colores básicos (trajes masculinos, vestidos, pantalones y faldas para ellas). Las mujeres pueden llevar otros colores, pero yo no te aconsejo los trajes en tonos vistosos (rojo, rosa o azul, por ejemplo). Conjunta una chaqueta de un tono más vivo con una falda o un pantalón en un color básico.

En cuanto a las camisas para hombre, los colores más seguros son el blanco o el azul claro. Si eres mujer y decides llevar un top bajo la chaqueta, te sugiero que te mires en un espejo antes de comprarlo para comprobar si realza o apaga tu tono de piel.

Creo que no está de más dedicar unas palabras a la psicología del color, es decir, al hecho de no llevar sólo colores que te favorezcan según tu tono de piel y de pelo, sino también para crear determinado ambiente. En el campo de la empresa, este aspecto es más importante que en el ámbito social. En ocasiones se pregona como una ciencia compleja, pero yo me limitaré a una guía rápida y sencilla.

- **Negro:** opción segura para faldas y pantalones, e incluso para trajes de mujer; en el caso de los hombres, puede quedar un poco fúnebre. Evita el exceso de negro: por ejemplo, asegúrate de incluir un tono que contraste y aporte algo de luz. Los más adecuados son el blanco y el crema. Ten cuidado: las telas negras baratas no absorben bien el tinte negro y pueden parecer «desteñidas». Si tu presupuesto es ajustado, el negro no es la mejor opción. Además, este color no te conviene si tienes caspa.
- **Azul marino:** posiblemente, el color más seguro en este ámbito, ya que sugiere integridad y profesionalidad, y es uno de los más favorecedores para cualquier tono de piel, aunque puede resultar un poco aburrido.
- **Gris marengo:** color muy distinguido. De nuevo, favorece a casi todos los tonos de piel, sobre todo con una falda o un top blancos.
- **Gris:** un gris más claro puede parecer apagado y sugerir un carácter aburrido. Si no tienes un tono de piel un poco bronceado, tampoco realza demasiado.
- **Amarillo:** creativo, enérgico, positivo y alegre. No está tan ligado al pensamiento lógico o estratégico. Utilízalo con moderación: en una corbata, o en una chaqueta o falda en el caso de las mujeres.
- **Rojo:** este tono excita el sistema nervioso, y por eso es el color del amor, ¡pero también el de la ira! El rojo resulta muy dominante, pero es un clásico para las corbatas y las chaquetas de mujer.
- **Rosa:** ¡el color del sexo! Es, además, una opción muy «de chica», el preferido entre las celebridades que practican *topless*, etcétera. Las camisas rosas de hombre están de moda y dejan de estarlo de manera cíclica y muy rápida. El rosa intenso puede sugerir un deseo de llamar la atención, y el rosa bebé queda muy..., pues eso, de bebé.

- **Azul:** el color de la calma y la empatía. Un buen color para combinar.
- **Marrón:** se considera un tanto aburrido y tradicional, con alusiones a la vida rural. No está muy bien visto en los ambientes urbanos.
- **Verde:** color suave, más accesible, actualmente muy ligado a los temas ambientales. No es el más favorecedor para muchos tonos de piel, ya que puede reflejarse en la cara y provocar un extraño aspecto de mareo.
- **Naranja:** este color se elige para crear un ambiente positivo y alegre en restaurantes y cafeterías, pero para una entrevista de trabajo puede ser arriesgado. El naranja tostado es más seguro que los tonos chillones, que sugieren una mentalidad original y una personalidad extrovertida.
- **Verde azulado:** una buena elección «brillante», ya que tiene suficiente azul para resultar vistoso y serio al mismo tiempo.
- **Morado:** color distinguido, relajante y que suele sentar bien a todo el mundo.
- **Blanco:** limpio, elegante, sin nada que esconder.
- **Beis:** puede sugerir una personalidad sosa, sobre todo si se lleva de pies a cabeza.
- **Caramelo:** un tono algo más intenso que implica más personalidad y confianza que el beis.

Accesorios

La corbata es el elemento más expresivo del atuendo formal masculino, y por ello es importante elegirla bien. Evita los modelos «divertidos», con dibujitos. Una corbata de rayas puede resultar elegante, pero si eres joven parecerá que llevas un uniforme escolar. Los modelos demasiado vistosos o abigarrados pueden distraer la atención, pero actualmente existen corbatas de colores intensos muy acertadas. No es necesario decantarse por la opción aburrida.

Cuando compres una corbata, sujétala por el extremo estrecho y déjala caer para comprobar si se dobla. En ese caso, es posible que no esté bien cosida.

Abróchate siempre el botón del cuello de la camisa y asegúrate de que el nudo de la corbata quede en su sitio sin apretar. Si la corbata tiende a moverse demasiado, puedes comprarte una aguja sencilla para sujetarla y evitar que asome el extremo fino.

Cuando te anudes la corbata, el largo adecuado es el que queda justo a la altura del cinturón. Nunca la lleves de manera que quede un hueco entre la corbata y el cinturón, y no se te ocurra meterla por dentro del cinturón.

Si llevas gemelos, conviene que sean muy sencillos. Los clásicos, ovalados y dorados, siempre están bien, igual que otros estilos siempre que sean lisos (incluso de algún color). Evita los modelos «divertidos» con formas de coches, cerdos, grifos o logos de equipos de fútbol.

Los calcetines deberán ser lisos, y a ser posible negros. Llévalos lo suficientemente largos para evitar que se te vean las espinillas cuando te sientes. Nada de logos, dibujos, cuadros, topos, etcétera, y tampoco colores chillones como rojo o amarillo.

El zapato más adecuado para el hombre es el clásico de cordones, de cuero negro, liso o labrado. Las suelas deberían ser de cuero, finas, ni gruesas ni de goma. Evita la moda actual de los zapatos de punta.

Para la mujer, un corte clásico es la mejor opción. No utilices botas; sí puedes llevar botines, pero siempre que los tape el pantalón. Utiliza tacones altos si tienes la suficiente destreza para caminar con ellos, ¡pero olvídate de los tacones de vértigo!

Una cadena o un collar sencillos quedan elegantes con un cuello liso. Evita los broches y los fulares, ya que tienden a envejecer a la mujer que los lleva.

El maletín o la cartera son el bolso perfecto para los negocios, aunque no es necesario que lleves uno si se trata de tu primer trabajo. Nunca te presentes en las oficinas con bolsas de la compra o con carritos. Si tienes que hacer noche, pregunta si puedes dejar el equipaje en recepción.

Es posible que durante la entrevista tengas que abrir el maletín para buscar algún documento o una copia de tu currículum. Mantén el contenido ordenado. En una ocasión abrí el mío y cayeron al suelo una chocolatina a medio comer y una revista del corazón. Siempre recordaré a una candidata que llevaba un pan de molde chafado en el maletín.

Los bolsos deben elegirse en función de su manejabilidad. Si es de colgar, ¿se mantendrá cómodamente en tu hombro? Evita los bolsos que te obliguen a agarrarlos con fuerza, ya que no te conviene presentarte con un brazo cruzado sobre el cuerpo. Los bolsos clásicos de mano resultan un poco «estirados» y anticuados. Si llevas uno pequeño sin asas, tipo cartera, asegúrate de que no se te caiga en el momento de los apretones de manos.

Cómprate un buen bolígrafo. Los bolis convencionales o los que regalan con algún logo no dan tan buena imagen como un rotulador elegante o alguna otra pieza que transmita calidad.

Aunque es probable que te quites el abrigo en recepción, es importante que entres en las dependencias con una buena prenda sobre el traje. Los anoraks, o cualquier otra prenda *sport* de ese estilo, no son la mejor opción. Evita las pieles y las prendas con borrego, ya que podrías acabar con tu bonita chaqueta oscura llena de pelusa.

EN RESUMEN

- Elige bien tu indumentaria, y decántate por la precaución. La mayoría de las entrevistas todavía se consideran ocasiones formales.
- Cuida tu higiene hasta el último detalle. Los zapatos sucios echan para atrás a la mayoría de entrevistadores.
- Elige los accesorios adecuados. Recuerda que «la gracia está en los detalles». Nada de bolígrafos baratos ni bolsas inadecuadas.

8 CÓMO HABLAR

En el capítulo 11 te daré consejos sobre las respuestas a las preguntas que te hagan durante la entrevista. No obstante, tu participación verbal en la fase de la entrevista no se limita a dar respuestas brillantes. En este capítulo veremos cuatro aspectos muy importantes del habla:

■ el tono y la proyección de la voz;
■ psicolingüística: elegir las palabras adecuadas en el momento justo;
■ palabras y expresiones que evitar;
■ charlas intrascendentes antes de que empiece la entrevista propiamente dicha.

Tú y tus palabras

Probablemente hablas desde que tenías unos dos años, pero no el tipo de conversación que ayuda a conseguir trabajos. En una entrevista, cada palabra cuenta. ¿Preocupado? ¡Deberías estarlo! No obstante, conseguir la excelencia verbal es relativamente sencillo. En este capítulo te explicaré exactamente todo lo que necesitas saber para lograrla.

Tus habilidades de escucha

Tal vez te parezca raro que empiece un capítulo sobre cómo hablar con una sección sobre cómo escuchar, pero la primera habilidad de la comunicación es la escucha activa. Cuando aprendes a escuchar adecuadamente, aprendes a entender. Y cuando entiendas, tus propias respuestas serán veinte veces más eficaces.

Existen varios elementos que pueden provocar una escucha deficiente:

■ nervios o ansiedad;
■ distracciones;
■ aburrimiento;
■ idioma o problemas de acento;
■ ruido de fondo;
■ asunciones (das por sentado que ya sabes lo que te están explicando);
■ malas habilidades de comunicación del hablante.

Estar «en la sala»

Para ser un escuchador eficaz es preciso estar concentrado, o lo que los psicólogos llaman estar «en la sala». Tu cerebro es como un pájaro que va y viene en lugar de posarse durante mucho rato en un mismo sitio. Tendrás que controlar tu pensamiento y tu concentración.

A tu mente le gusta visitar especialmente tres lugares: el pasado, el presente y el futuro. De esos tres lugares, el cerebro pasa más tiempo en el pasado y en el futuro, y muy poco en el aquí y el ahora. Soñamos despiertos, nos preocupamos, repasamos lo que acabamos de decir, pensamos cómo nos sentiremos si nos rechazan, imaginamos qué puede estar pensando el entrevistador y qué va a decir a continuación. Todos esos elementos diluyen nuestra capacidad de permanecer en el presente, escuchando con atención cada palabra que nos dicen.

Técnicas de escucha

Existen seis habilidades básicas para conseguir una escucha eficaz y activa. Debes intentar aplicarlas todas durante tus entrevistas.

1. No interrumpas.
2. Realiza una pausa para pensar en la pregunta antes de responder.
3. Nunca des por sentado que sabes qué van a decir.
4. Evita las «colas» (pensar todas tus respuestas mientras la otra persona continúa hablando).
5. Pide aclaraciones para comprobar que has entendido la pregunta.
6. Utiliza la **técnica de reflexión** para grabarte la pregunta en el cerebro: «Quiere saber si tengo experiencia en gestión... Bien...», pero no respondas así todas las preguntas.

Hablar salva vidas

¿Cómo están tus habilidades de comunicación básicas? Veamos una lista rápida: ¿con cuántas de estas afirmaciones estás de acuerdo?

■ Realizo casi todas mis comunicaciones de trabajo mediante el correo electrónico.

- Mis comunicaciones sociales son básicamente a través de mensajes de móvil.
- A menudo escribo mensajes de móvil o trabajo *on-line* mientras mis compañeros me hablan. Se me da bien hacer varias cosas a la vez.
- No tengo problemas para hablar con mis amigos, pero con desconocidos en el ámbito laboral me muestro algo cauteloso.
- Soy una persona callada por naturaleza.
- Detesto que me miren mientras hablo.
- En las ocasiones en que me he tomado unos días libres en el trabajo sólo he hablado con mis hijos.
- Cuando me he tomado unos días libres en el trabajo he invertido parte de mi tiempo en comunicarme *on-line*.
- Éste es mi primer trabajo. Mis únicas comunicaciones han sido con amigos y compañeros de estudios.
- Me gusta conocer a gente nueva.
- Cuando me pongo nervioso, hablo demasiado.
- Cuando me pongo nervioso, apenas hablo.
- Cuando me pongo nervioso, hablo muy rápido y a trompicones.
- Tiendo a arrastrar las palabras al final de las frases.
- Pronuncio demasiados «mmm», «eh» y «sabes», y es todavía peor cuando estoy bajo presión.
- A menudo me descubro respondiendo a una pregunta distinta a la que me han hecho, o desviándome del tema.
- Cuando me pongo nervioso utilizo un tono de voz más agudo.
- Cuando estoy nervioso me aclaro mucho la garganta.
- No sé explicarme bien.
- No siempre tengo tacto, tiendo a hablar muy claro.

¿Con cuántas de estas afirmaciones estás de acuerdo? El resultado no es importante, aunque, a mayor número, más tendrás que trabajar en tus habilidades de comunicación e interpersonales. Incluso una sola coincidencia requiere tu atención. Las afirmaciones anteriores podrían echar por tierra tus posibilidades de éxito en una entrevista.

Utilizar el tono adecuado

Los nervios, el estrés y la ansiedad pueden ejercer un efecto negativo en tu voz y hacer que te tiemble, que se torne más aguda, que te falte el aire, tartamudees o adoptes un tono monótono que te haga parecer un robot. Existen algunos pasos sencillos que te ayudarán a evitar todos estos efectos.

Espira

¿Alguna vez te has dado la instrucción de respirar hondo para calmarte? El problema de este consejo es que al inhalar se tensan los músculos y se envía un mensaje al cerebro. Es en la *espiración* en lo que tienes que concentrarte para relajar las cuerdas vocales y bajar uno o dos tonos. Ya he dado algún consejo de respiración para relajarte (puedes revisarlo en la pág. 128), y la buena noticia es que esos ejercicios también ejercerán un efecto fantástico en tu voz.

Cuenta tu propio ritmo

Cuando un cantante empieza a cantar, suele contar varias veces para sus adentros (como si de un metrónomo personal se tratase). Tú puedes actuar como tu propio «minimetrónomo» cuando empieces a hablar. Haz una breve pausa y cuenta al ritmo ideal. Si crees que el ritmo y el tono no son los adecuados porque notas que te disparas, siempre puedes utilizar un gesto metronómico físico, muy sutil, que te indique el ritmo ideal durante tus intervenciones. Un discreto golpe con un pie o con un dedo deberían funcionar de manera subliminal, pero asegúrate de que no te vean porque podrían sugerir impaciencia o ansiedad.

Bebe agua a sorbos

Es probable que te ofrezcan algo de beber durante la entrevista. El agua sin gas es la mejor opción para la voz. Tómala a sorbos, no a grandes tragos. Otra alternativa son los caramelos de menta o similares para aclarar la garganta; te relajarán las cuerdas vocales. No masques chicle, ya que podrías olvidarte de tirarlo antes de entrar a la entrevista. E intenta evitar los caramelos de colores muy intensos: ¡no querrás presentarte con la lengua de color rojo o naranja!

Entrena la voz

La preparación ideal para la entrevista consiste en leer en voz alta. Si no estás acostumbrado a hablar con desconocidos en situaciones formales, es posible que te atasques o que hables muy bajo. La mayoría de nosotros tenemos **abreviaturas verbales** que utilizamos cuando hablamos con los amigos, colegas y familiares, y eso implica muchos coloquialismos, frases incompletas y dicción o pronunciación descuidada. Tu tono vocal, además, podría ser muy plano. Prueba estas dos actividades sencillas y practícalas hasta el día de la entrevista:

ATENCIÓN A LAS PALABRAS

Lee la siguiente lista en voz alta. Realiza una pausa entre cada palabra. Pronuncia toda la palabra, exagerando la pronunciación siempre que sea posible. Junto a cada término he escrito cómo debería sonar al escribirlo. Este ejercicio te ayudará a darte cuenta de lo poco clara que puede llegar a ser tu dicción. A menudo nos comunicamos con gruñidos, coloquialismos y frases a medio terminar. Escucha y siente la diferencia cuando pronuncias las palabras con normalidad y claridad:

Mercado   (pronunciando la *d*)
Problema   (pronunciando la *b* claramente)
Hospital   (que se oiga bien la *s*)
Preguntar   (que se oigan bien las primeras letras en el orden correcto)
Extraño   (pronunciando el sonido /ks/)
Instalar   (pronunciando todas las letras)
Madrid   (pronunciando la última *d* correctamente)

Leer en voz alta es como una gimnasia para el cuerpo. Se ventilan las cuerdas vocales y se trabajan todos los músculos de la boca que normalmente permanecen olvidados. Toma un libro infantil con muchas secuencias de acción, sitúate en un extremo de una habitación y lee para que te «escuchen» en el otro extremo. Hazlo lo más divertido y emocionante posible. Exagera la dicción de manera que se escuche perfectamente cada sílaba. Sobreactúa y proyecta la voz. Esta técnica te enseñará a conseguir subidas y bajadas de voz naturales, además de **señalización** (utilizar un tono enfático que añada significado a lo que estás diciendo). La señalización es el equivalente verbal a la cursiva en el lenguaje escrito.

DOTA DE SIGNIFICADO
A TUS PALABRAS

Escribe la siguiente frase en un folio. A continuación, engancha la hoja o sujétala delante de ti.

¿Ayer le diste el libro a Mark?

Lee la frase en voz alta ocho veces, la primera en un tono plano. En las otras siete lecturas debes hacer hincapié verbalmente en cada palabra de la frase (una en cada lectura):

- ¿AYER le diste el libro a Mark?
- ¿Ayer LE diste el libro a Mark?
- ¿Ayer le DISTE el libro a Mark?..., y así sucesivamente.

Éste es un ejercicio para el tono vocal que enseña lo necesario que es dotar de significado a las palabras. Cada vez que pronuncies esta frase, tendrá un significado distinto. Escucha cómo subes el tono vocal al final para convertir una frase en una pregunta.

Cuando repitas esta frase, asegúrate de mantener el cuerpo inmóvil. Que el tono vocal haga todo el trabajo. Añade énfasis asintiendo con la cabeza, levantando las cejas o incluso moviendo el cuerpo como si llevases una batuta en la mano. Aunque puedes incorporar esos gestos cuando hables con alguien, este ejercicio será más eficaz si entrenas la voz para que haga todo el trabajo.

Utiliza los siguientes consejos procedentes del oficio de actor:

- ■ Toma un texto cualquiera (por ejemplo, un artículo de un periódico).
- ■ Con un rotulador fluorescente, marca todas las palabras en las que harías énfasis vocal y utiliza la señalización para dar sentido al texto.
- ■ Léelo en voz alta. Ayúdate con el rotulador para hacer hincapié en las palabras elegidas sólo con el tono de voz.

Palabras como balas

Aprender a proyectar no significa aprender a gritar, sino a asegurarte de que tu voz se escuche bien y que el tono suene normal. Un tono vocal suave o casi silencioso no es necesariamente negativo, siempre y cuando te puedan escuchar, pero si a los entrevistadores les cuesta oír lo que dices, tendrás que tomar medidas para dar más énfasis a tu voz.

La proyección de la voz se puede mejorar con algunos ejercicios sencillos. Los pulmones son como los fuelles de tu voz, así que es importante respirar correctamente. Un actor proyecta dando potencia a la voz desde el diafragma y la parte baja de los pulmones. Cuando te notes tenso o bajo presión, tu respiración se volverá más superficial, no más profunda ni más potente. De ese modo, tu voz sonará débil, sin aliento y temblorosa.

DIRIGE TU VOZ

Ponte de pie, con los pies apoyados firmemente en el suelo. Estira la columna al máximo y mantén los brazos relajados a ambos lados del cuerpo. Inspira profundamente y nota cómo se expande la parte baja de los pulmones. Recuerda que la voz va a salir del diafragma, no del pecho o de la garganta. Intenta repetir la palabra «ACTOR» una y otra vez, «lanzándola» por la habitación con la fuerza de los pulmones. Mantente relajado mientras practicas el ejercicio. Evita la tensión en el cuello, los hombros y los músculos de la garganta, pero intenta bajar unos tonos más de lo habitual (aunque el resultado te parezca artificialmente grave).

Cuando hayas practicado varias veces, fíjate en un objeto de la habitación (cuanto más lejos esté de ti, mejor). Vas a intentar dirigir la voz hacia el objeto, visualizando cómo lo «golpea» cuando dices su nombre. Debes tener la sensación de que la palabra sale disparada de tu boca como una flecha. Al visualizar la trayectoria y el objetivo, podrás controlar el tono y la distancia con bastante facilidad. Te ayudará si pronuncias la palabra un poco enfadado:

- ■ «¡SILLA!»
- ■ «¡CUADRO!»
- ■ «¡VENTANA!»

Cuando proyectes la palabra, intenta imaginar si has logrado «golpear» el objeto o no. ¿Tienes la sensación de que te has quedado corto? Si es así, prueba de nuevo y sigue intentándolo hasta que sientas que lo consigues. Si te cuesta mucho, prueba a señalar el objeto cuando pronuncies su nombre.

Psicolingüística: el poder de tus palabras

Empecemos repasando brevemente el proceso de la comunicación hablada:

- Tienes en mente una idea, una imagen o una emoción.
- Procesas esa «burbuja de pensamiento» para convertirla en palabras (te conviertes en el codificador).
- Evalúas o filtras rápidamente las palabras.
- Las dices en voz alta.
- El receptor convierte tus palabras en imágenes y pensamientos (se convierte en el descodificador).
- El receptor almacena esos pensamientos en su cabeza.

Gran parte de lo que escuchamos se malinterpreta. ¿Alguna vez has desencadenado una discusión en casa y te han dicho «Yo no he dicho eso» o «Yo no quería decir eso»?

En cualquier comunicación tienes que escoger muy bien las palabras, pero sobre todo en las comunicaciones importantes con desconocidos (por ejemplo, una entrevista de trabajo).

Marketing negativo

Es importante que tus diálogos durante las entrevistas alcancen el punto justo entre parecer negativo y sonar arrogante o jactancioso.

En el capítulo 11 veremos algunas cuestiones específicas. Ahora nos centraremos en ejemplos sobre lo fácil que resulta inclinarse hacia alguno de esos extremos y provocar una mala impresión:

- **Entrevistador:** ¿Tienes experiencia en ventas?
- **Tú:** No mucha, sólo durante unas vacaciones cuando era estudiante. [Te quedas corto.]
- **O:** Sí, soy muy bueno en ventas. Puedo venderle cualquier cosa a cualquiera. [Te pasas.]

173

■ **O:** Sí, de hecho trabajé a tiempo parcial en ventas para asegurarme de tener algo de experiencia. [Ideal.]

Entre las palabras negativas y las expresiones con las que te quedas corto figuran:

■ sólo;
■ espero que...;
■ este trabajo podría ser un reto para mí;
■ bastante;
■ no se me da mal;
■ estaría preparado para probar;
■ mis amigos/familiares siempre me dicen que soy bastante
bueno;
■ me aburro en casa;
■ en realidad no lo he pensado;
■ no lo sé;
■ mi marido/mujer me dijo que debería probar;
■ creo que podría hacerlo;
■ podría ser muy gracioso;
■ lo siento;
■ supongo;
■ podría estar bien;
■ lo intentaría.

Entre las palabras y las expresiones con las te pasas figuran:

■ fantástico;
■ soy el mejor;
■ le garantizo que no lo lamentará;
■ daré el 200 %;
■ soy muy, muy bueno;
■ soy conocido por ser el mejor en eso;
■ nunca fallo;

174

- el fracaso no es una opción;
- si no me da este puesto, insistiré hasta que lo consiga;
- sé que puedo hacer este trabajo mejor que los demás candidatos;
- tengo éxito en todo lo que me propongo;
- soy un ganador, no un perdedor;
- quiero hacer su trabajo en menos de un año;
- si no me da este trabajo, me iré a la competencia;
- tengo muchas ofertas;
- no necesito trabajar;
- tengo mi propia empresa, pero he decidido que seré más feliz trabajando para otros. ¿Quién necesita tanto lío?;
- la otra empresa sabía que era demasiado bueno para ellos. Me echaron antes de que yo me fuese;
- tenían envidia de mi éxito;
- la jefa sabía que era mejor que ella y se sentía amenazada por mí.

Muletillas y cómo evitarlas

¿Qué son las muletillas? Son los sonidos, palabras e incluso expresiones cortas que incluimos en las conversaciones para «rellenar». Cuando nos ponemos nerviosos, utilizamos más muletillas. ¡He visto a algunos candidatos que consiguen hablar sin incluir ninguna expresión genuina o palabras con sentido entre sus muletillas! Algunas de las más habituales son:

- mmm...;
- eeh...;
- básicamente...;
- en realidad...;
- sabes...;
- en cierto modo...;
- así...;
- como...;

- ¿verdad?;
- si quieres...

¿Las reconoces? Probablemente, tú tienes tus favoritas. Se rumorea que un primer ministro tuvo un problema con la muletilla «en realidad». La utilizaba demasiado, sobre todo cuando se encontraba bajo presión. Durante una sesión parlamentaria se esforzó por no utilizarla, pero la oposición se dio cuenta y empezó a burlarse cada vez que la decía. Esa situación incrementó la orden interior negativa de «dejar de utilizar esa expresión», que a su vez aumentó el uso, para diversión de la oposición.

Como ocurre con los gestos no deseados, el modo correcto de entrenar el cerebro para eliminar esas muletillas de tu repertorio consiste en concentrarse en un modo mejor de gestionar las pausas. Y la mejor manera de gestionar una pausa es no hacer nada. Dejar que la pausa se produzca. Los silencios breves te dejan tiempo para pensar y tus interlocutores pueden procesar lo que acabas de decir. Un silencio o una pausa en una conversación de negocios no es lo mismo que una pausa durante una conversación social.

Las charlas sociales tienden a ser más animadas y rápidas, pero una conversación sobre trabajo suele estar salpicada de pausas breves para dar énfasis y favorecer la comprensión. Practica la inclusión de pausas breves en tu conversación, al final de cada punto, y acompáñalas de señales de lenguaje corporal que transmitan seguridad. Encogerte, poner los ojos en blanco o mostrar nerviosismo indicarán que la pausa se debe a que has perdido el hilo. En cambio, el contacto visual y una expresión facial relajada implicarán que la pausa es voluntaria.

Lenguaje coloquial

Es posible que necesites «embellecer» tu vocabulario antes de asistir a la entrevista. ¿Por qué? Porque todo el mundo tiene su propio lenguaje coloquial abreviado. Puede que te vaya muy bien para comunicarte con personas que hablan ese mismo lenguaje, pero será ininteligible para el resto.

Además, en las entrevistas existe cierta etiqueta verbal y es posible resultar grosero sin tener la más mínima intención. Intenta recordar las siguientes normas:

■ responde «Sí» en lugar de «*Seh*»;
■ nunca empieces una respuesta con la palabra «obviamente»: implica que la pregunta es estúpida;
■ no digas ni un taco, ni el más suave, ni aunque te disculpes antes o después;
■ nunca utilices la expresión «lo que sea»: parecerá una pose;
■ di «¿Perdón?» o «¿Le importaría repetirme eso?» si no oyes bien una pregunta, no «¿Qué?» o «¿Eh?»;
■ di siempre «Gracias» si te ofrecen té o café, y al final de la entrevista. Da las gracias también en recepción cuando te marches.

Jerga empresarial

¿Cómo puedo describir lo horrible que me parece este lenguaje? La jerga empresarial sólo es ligeramente pasable si se trata de palabras técnicas y abreviaturas. Si utilizas este tipo de lenguaje, tendrás que recordar que los entrevistadores pueden no tener ni idea de lo que estás hablando. La jerga empresarial sólo impresionará a tus interlocutores si tiene pleno significado para ellos. En caso de que exista el riesgo de que no te entiendan, no la utilices o bien explícate con mucho tacto: «El ISDI 2012, que como probablemente saben es...».

Y después está la jerga de clichés: términos y expresiones que alguien se ha inventado y que rondan por ahí como un virus horrible. Puede resultar divertida o incluso ingeniosa durante unos quince minutos, pero después se queda tan pasada como la cena para llevar de la noche anterior. Se podría dedicar todo un libro a ese lenguaje (y es probable que ya exista), pero veamos algunos ejemplos de lo que estoy hablando. Por favor, ni se te ocurra incluirlos en tus entrevistas de trabajo:

- pensamiento creativo;
- como intentar clavar gelatina a la pared;
- vamos a plantearlo y a ver qué dicen;
- todos estamos en el mismo barco;
- estoy en una curva de aprendizaje;
- seleccionar cuidadosamente los trabajos;
- hacer más atractivo;
- subir el listón;
- pensamiento unificado;
- reducción de plantilla;
- ascenso;
- lo he clavado;
- dar en el clavo;
- visión de conjunto.

Palabras y expresiones que evitar

Existen algunas palabras y expresiones que molestarán al entrevistador casi sin ninguna duda. Se consideran una **provocación,** aunque muchas veces se utilizan de manera inconsciente. Veamos algunos ejemplos de las más utilizadas:

- «¿Por qué?» Al principio de una pregunta, puede sonar crítico y argumentativo, por ejemplo «¿Por qué quiere saber eso?» o «¿Por qué es importante eso?».
- «No es mi intención ser grosero...» anuncia que **estás** a punto de serlo. Esa afirmación al principio de una intervención no invalida la grosería de ningún modo.
- «No es broma.» Ídem.
- «Con todos mis respetos...» Ídem.
- «Tiene que...», «Debería...», «Debe...»... Todas estas expre-

siones «de orden» sugieren que se pone en entredicho el estatus y la autoridad del entrevistador. Decir «Debe tenerme en cuenta para este puesto» o «Tiene que darme una oportunidad» causará el efecto contrario.

- «Estúpido.» No hay manera de incluir esta palabra o sus derivados en una frase sin dar la sensación de que te diriges al entrevistador. «Esa idea es una estupidez», «Eso es casi tan estúpido como mi último trabajo»...
- «No.» Por sí sola, esta palabra suena poco útil y grosera. «¿Tiene alguna experiencia en este tipo de trabajo?» «No.» La idea que quedará en el aire es: «Y tampoco me interesa». Añade expresiones positivas para no dejar solo el «no», por ejemplo: «No, no tengo experiencia directa, pero me gustaría formarme en este campo».
- «Me da igual.» Sugiere indiferencia.
- «Bastante», como en «Estoy bastante interesado en trabajar aquí» o «Soy bastante bueno en mi trabajo». Transmite falta de espíritu.

Conversación estructurada

Aunque el control de la entrevista estará en manos del entrevistador o entrevistadores, no hay nada que te impida hacer un poco de planificación y estructuración. Eso significa dar forma a tus pensamientos y tus ideas para que los puedas expresar en casi cualquier circunstancia, aunque no puedes saber el tipo de preguntas que te van a hacer.

Esta estructuración verbal consiste en tomar una hoja de papel, ponerla en horizontal y dividirla en cuatro columnas verticales. Titula cada columna del siguiente modo:

M: metas y objetivos. Esta columna debería ser fácil de rellenar con algo del estilo «Conseguir el trabajo o el ascenso».

L: límites. Aquí tienes en cuenta las limitaciones de la entrevista: el tiempo, tus conocimientos limitados, el posible uso de jerga.

P: persuasión y discusión. Escribe todos los puntos básicos que deberían persuadir al entrevistador para que te dé el trabajo. Púlelos en función del tipo de trabajo y de empresa, y no olvides incluir pruebas, no sólo opiniones. Anota tus cualidades relevantes, tu experiencia y tus habilidades, y continúa después con las pruebas (certificados, grados y experiencias reales).

O: objeciones. Escribe por qué podrías no ser adecuado para el trabajo. ¿En qué flaqueas en cuanto a cualificaciones o experiencia? ¿Por qué le interesaría al entrevistador darte el trabajo? Siempre es una buena idea realizar una valoración a fondo, pero objetiva, de los problemas potenciales. Cuando tomes conciencia de las posibles objeciones, tendrás la opción de plantearlas tú mismo en lugar de esperar a que surjan, o al menos contarás con respuestas si esto último ocurre. Los siguientes puntos te indican maneras asertivas de introducir las objeciones.

- Sé que soy más joven que la mayoría de los candidatos y que poseo menos experiencia, pero tengo muchas ganas de aprender y puedo aportar entusiasmo y energía al trabajo.
- Entiendo que este trabajo implicaría una reducción de sueldo, pero espero que eso demuestre lo interesado que estoy en conseguirlo.
- Sé que este trabajo exige el permiso de conducir. Lo tendré antes de empezar. He consultado el trayecto y podría hacerlo en transporte público al principio.

Conversaciones intrascendentes

Sea cual sea el tipo de entrevista al que asistas, el estilo o las fases de la conversación serán más o menos así:

- conversación totalmente intrascendente (por ejemplo, «¿Cómo ha ido el viaje?»);

- conversación intranscendente (con la que se rompe el hielo);
- manos a la obra (las preguntas de la entrevista);
- su charla (te explican cosas sobre la empresa y el trabajo, tú escuchas);
- tu pequeña charla de despedida (¡donde fracasan la mayoría de candidatos!).

Empecemos con la charla intrascendente...

Por favor, no intentes saltarte esta fase con la excusa de que no te gusta o de que no se te da bien. Las charlas informales son un ritual necesario, no tienes más remedio que pasar por ellas. ¿Realmente quieres que alguien te pregunte por qué dejaste tu anterior trabajo sin haber tenido tiempo de quitarte el abrigo y remover el café? Una entrevista sin una charla inicial es como el sexo sin preliminares. Es el calentamiento, es lo correcto, demuestra interés hacia ti como persona y también puede ser muy revelador, así que ¡cuidado con lo que dices!

Conversación totalmente intrascendente

Es la más sencilla porque está muy ritualizada. Se rige por fórmulas que no debes intentar cambiar. La originalidad no tiene cabida en esta fase de la comunicación, ya que se trata de rellenar esos pequeños y desagradables silencios en recepción o en el ascensor. Recuerda:

- se supone que es aburrida;
- generalmente se centra en dos temas:
  - el tiempo;
  - tu desplazamiento hasta la oficina.

¡Eso es todo! Fácil, ¿verdad? Ellos preguntan: «¿Cómo ha ido el viaje?», o «¿Qué tal día hace?», y tú respondes. No es una encuesta ni una demostración de interés auténtico. El tema es deliberadamente simple para facilitarte las respuestas mientras entráis en el ascensor, recorréis pasillos, juegas con el pase para visitantes o miras los murales tan feos de las paredes.

No obstante, tus respuestas deben resultar positivas. La más mínima queja transmitiría un efecto negativo al instante.

Aunque parezca tentador, debes evitar las respuestas muy cortas o con monosílabos («Bien», «De acuerdo, gracias») a menos que quieras dar la impresión de que no tienes personalidad.

Si te preguntan cómo te ha ido el viaje, la respuesta ideal empezaría con un «Bien, gracias...» y continuaría con algún comentario sobre el tráfico (por ejemplo, que estaba mejor de lo que esperabas) o sobre las vistas desde el tren. Si dices la verdad (por ejemplo, que has llegado por los pelos después de que una horda de indeseables sin desodorante te chafasen en el metro), es probable que tu anfitrión te vea como un quejica y piense que, en caso de darte el trabajo, llegarás tarde con frecuencia.

Si te preguntan «¿Qué tal día hace?», responde «Se ha despejado y ha salido el sol», «La nieve siempre me hace pensar en la Navidad», «Han caído cuatro gotas, pero me he librado», etcétera. Aunque haga un día terrible, intenta incluir algún elemento positivo (sin llegar a parecer Julie Andrews bajo los efectos del Prozac).

Conversación intrascendente

Piensa que es como pelar una cebolla. Socialmente se van quitando capas hasta que tu interlocutor y tú encontráis algo en común, empezáis a establecer nexos y os convertís en amigos o en pareja. En el mundo de la empresa, la conexión tiene que ser rápida y se hace hincapié en el hecho de convertirse en colegas. No todas las entrevistas incluyen una sesión de charla intrascendente, pero debes estar preparado para ella e incluso dar pie a que se produzca si no llega.

Un buen entrevistador sí dará pie a una charla de este tipo porque relaja al candidato y muestra la cara amable de la empresa. En ocasiones, esa fase de la entrevista tiene un aire «coreografiado», es decir, se plantean algunas preguntas informales, se realiza una pausa y después se produce un cambio evidente de ambiente y de ritmo: empiezan las preguntas de la entrevista propiamente dicha. Otra posibilidad es que la entrevista discurra sin un rumbo claro y que la charla inicial dure más y se desdibuje entre la parte formal del encuentro. En general, debes aprovechar la conversación intrascendente del principio para charlar, pero mantente centrado cuando empiece la fase de la entrevista. La mayoría de los entrevistadores van escasos de tiempo y son alérgicos a charlar más de lo estrictamente necesario.

Ideas para conversaciones intrascendentes

Los temas de las charlas intrascendentes rara vez son aleatorios. Debes planificar esta fase tanto como el resto de las preguntas. Los días anteriores a la entrevista recopila temas de actualidad y de interés general: eventos deportivos, noticias (pero nada de política ni de sucesos), etcétera. No te dejes llevar por tus propios intereses o por la falta de ellos. Si en las noticias se habla de los Juegos Olímpicos, mantente informado.

Sé inteligente y lee todo lo que puedas sobre el sector para el que solicitas el trabajo. Por ejemplo, si la entrevista es con una casa de moda, deberías saber cuándo son los desfiles en París, cuándo empieza la Fashion Week de Londres y en qué consisten las últimas novedades.

Las vacaciones son otro de los temas favoritos a pesar del cliché que suponen. Prepárate para responder preguntas sobre tu último viaje y qué te gustó de él.

Aunque la charla intrascendente de la entrevista puede tener todo el aspecto de una charla social, conviene no hacer preguntas al entrevistador. Si te pregunta por tus últimas vacaciones, no hagas tú lo mismo: ¡podría parecer un descaro!

Tu entorno puede proporcionarte material seguro para este tipo de charlas. Aunque las cuestiones personales quedan al margen, preguntar por la edad del edificio o quién es el autor del mural de recepción sí resulta adecuado y te hará parecer interesado en el entorno de trabajo. ¡Muéstrate educado! Evita los halagos demasiado obvios («Me encantan estos espacios de hormigón de la década de los cincuenta») y las observaciones de mal gusto («¿Cómo pueden trabajar en este antro?»).

Es probable que te evalúen durante estas charlas. Muchos trabajos requieren establecer contactos o relacionarse con clientes, lo que significa que los entrevistadores podrían valorar tus habilidades sociales en ese campo. Tu actitud y tus respuestas también podrían ser sometidas a análisis. ¿Te has mostrado positivo, interesante y entusiasta, o sólo parecías ansioso por acabar esa fase y pasar rápidamente a las preguntas sobre el trabajo? La inteligencia emocional despierta actualmente un gran interés para muchas empresas. Eso significa que las compañías están tan interesadas en ti, en tu personalidad y tus habilidades de comunicación como en tus cualificaciones y tu experiencia. La parte de la conversación sin trascendencia podría ser tu oportunidad para destacar.

¿Todavía te preocupa cómo salir airoso de una conversación informal? Entonces practica cuanto antes. Si no estás acostumbrado a esta forma de charla tan ritualizada, te resultará *extremadamente* incómoda; si es algo que haces a menudo, sólo te parecerá *ligeramente* incómoda. Las mejores ocasiones para pulir tus habilidades son los eventos para establecer contactos y los acontecimientos sociales más formales, como las bodas. No serán precisamente una réplica exacta del tipo de charla intrascendente que encontrarás en las entrevistas, pero te ayudarán a poner en marcha los procesos de pensamiento correctos, sobre todo si tu respuesta habitual a preguntas sin demasiada enjundia es un «sí» o un «no» seguido de una risita nerviosa y tonta.

Por tanto, en lugar de:

- ¿De qué conoces a la anfitriona?
- Es mi vecina [risita nerviosa],

puedes probar algo así:

■ La conozco desde hace cuatro años, más o menos. Se mudó aquí un par de meses después de que yo llegase. Vivo en el número 38. Un día dejaron su correo en mi casa, se lo llevé, y desde entonces somos amigas. Por cierto, trabajo en la sede local de NatWest, en contabilidad. ¿Tú a qué te dedicas?

La clave de las charlas informales consiste en ser lo suficientemente conciso para evitar la narcolepsia de tu interlocutor, pero sin quedarse en los monosílabos. Intenta no cerrar la conversación con sus respuestas. Veamos las normas para conseguirlo.

Trata de que tu respuesta alargue la conversación, no seas demasiado parco en palabras.

Sigue un patrón de respuesta «en dos fases» para abrir y continuar la conversación en lugar de cerrarla. Por ejemplo, si te preguntan dónde vives, en lugar de decir «En Sant Feliu de Llobregat» (cierre de conversación), responde: «Vivo en Sant Feliu de Llobregat, en el Baix Llobregat (**Fase 1**). Vivía en Barcelona y me mudé allí hace un par de años por motivos de trabajo. Estudié en la Universidad de Barcelona». (**Fase 2**)

No entres en lo que sería la **Fase 3** de las charlas informales: «¿Y **usted** dónde vive?». ¡Podría parecer que intentas ligar!

Si el entrevistador decide dar información personal («¿En Sant Feliu? Yo vivo bastante cerca, en Santa Coloma de Cervelló»), tendrás que contar con una respuesta adecuada. Evita los clichés que suenen falsos («¡Ah, qué interesante!», «¡Qué bien!», «¡Vaya, qué coincidencia!»).

Si puedes dar a este tipo de respuestas un aire más natural, hazlo («Entonces, seguramente conoce la Colonia Güell»). Si no, opta por la respuesta más sencilla (**técnica de reflexión**). Consiste en repetir la palabra clave de lo que te acaba de decir tu interlocutor y convertirla en una pregunta: «¿Santa Coloma de Cervelló?». Sugiere un «Explíqueme más cosas» sin parecer escandaloso ni aburrido.

Deja un rastro de migas de pan

Como ocurre con las fases siguientes de la entrevista, la opción más acertada consiste en ser estratégico. Si puedes hacer uso de una astucia maquiavélica, pero transmitida con aire de honestidad y claridad, estarás en el camino hacia el éxito en cualquier campo (con la excepción, posiblemente, de la Iglesia).

En lo que respecta a las conversaciones intrascendentes, eso significa dejar un **rastro de migas de pan** con algunas o todas tus respuestas. De ese modo, en lugar de dejar que el entrevistador controle el tema, podrías tentarle de manera muy sutil para que entre en aspectos sobre los que tú quieres hablar. ¿Lo captas? (Por cierto, si eres un pensador literal debo añadir que las migas de pan son alegóricas, no reales, ¡así que saca del maletín esa rebanada de pan ahora mismo!)

Veamos un ejemplo:

- **Entrevistador:** ¿Cómo ha ido el viaje?
- **Tú:** Bien, gracias. Tengo que admitir que después de los trayectos que hice durante mi año sabático no recordaba lo bien que funciona el transporte público.
- **Entrevistador** (recogiendo tu rastro de migas): ¿Dónde estuvo?
- **Tú:** Pasé seis meses en Goa dando clases a niños, y el resto del año colaboré en el proyecto de educación para la salud de una organización benéfica de Namibia.

¡Conseguido!

Si la idea de este tipo de automarketing activo y estratégico te hace sonrojarte, es posible que necesites recordar lo siguiente: **¡Crece! ¡Supéralo!**

No sirve de mucho limitarte a esperar que el entrevistador descubra tus puntos fuertes y tus talentos. Si has hecho algo grande, es cosa tuya asegurarte de que lo sepan. La mayoría de los entrevistadores ven a varios candidatos en un mismo día. Eso significa que no disponen del tiempo, las ganas o incluso la energía necesaria para rebuscar con la esperanza de descubrir algo realmente extraordinario. En algunos casos, lo mejor que puedes esperar es la petición general «Hábleme de usted». No es muy probable que te pregunten: «¿Ha trabajado de forma voluntaria en Goa o en Namibia?».

La fase de conversación intrascendente de la entrevista es una gran oportunidad de automarketing, y así debes considerarla. He dirigido muchas sesiones de juego de rol con candidatos y he visto la enorme diferencia entre los que responden bien en esta fase y los que se comportan como sociópatas monosilábicos. Veamos una conversación (aproximada) de un juego de rol en el que participé con una candidata que solicitaba un puesto de socia en una gran empresa:

- **Yo:** Hola, encantada. ¿Cómo está?
- **Candidata:** Bien, gracias, ¿y usted?
- **Yo:** Embarazadísima, gracias, como puede ver. Cualquier día de éstos me pongo de parto.
- **Candidata** (después de una larga pausa estudiándose las uñas): ¡Qué bien!
- **Yo:** Y encima tengo estrés.
- **Candidata** (después de una pausa todavía más larga durante la cual podrían haber atravesado la sala diez toneladas de plantas rodadoras): Ah, claro. Muy bien, muy bien.

Sé que esas reacciones se deben a los nervios, pero no deberían ocurrir nunca, jamás. Habría sido un comportamiento inexcusable para un candidato que buscase su primer trabajo, pero para alguien de quien se esperaba que cautivase, impresionase y tratase con clientes, fue ridículo. La **inteligencia emocional** es fundamental. Las empresas no quieren robots, sino comunicadores. Alrededor del 80-90 % de los problemas en el trabajo se deben a una mala comunicación o a los malos comunicadores. ¿Realmente crees que desean incorporar a otro comunicador penoso?

CÓMO ENTRAR EN LA CONVERSACIÓN SIN INTERRUMPIR

Argyle (1975) definió las maneras de indicar que se cede el terreno a otro interlocutor:

- terminar una frase;
- subir o bajar la entonación de la última palabra;
- alargar la última sílaba;
- dejar una frase sin terminar para invitar a que la continúen: «Estaba a punto de salir a comer, pero...»;
- señales corporales como dejar de gesticular, levantar la cabeza, sentarte, mirar directamente al interlocutor.

EN RESUMEN

- La buena comunicación comienza con la escucha eficaz. Entrénate en técnicas de escucha activa.
- El tono vocal puede manifestar cambios debido a los nervios o a la falta de uso. Prueba con ejercicios como leer en voz alta para asegurarte de que tu voz se escuche bien y sea fácil de entender.
- Los ejercicios de proyección te ayudarán a no hablar en voz demasiado baja.
- Recuerda el poder de las palabras. Utiliza un diálogo de alto impacto, sin palabras huecas, muletillas ni jergas.
- Existe una serie de **palabras que evitar** porque pueden provocar conflictos.
- Utiliza la **estructuración verbal** para dar forma a tus intervenciones.
- Aprende a aprovechar las charlas intrascendentes para crear armonía al instante.

9 EL PROCESO DE LA AFINIDAD

Conseguir agradar a los demás o que te den su aprobación

¿Es posible hacer que les caigas bien a los demás y que te den su aprobación? Este capítulo demuestra que sí. Aplicando técnicas psicológicas aprenderás a:

■ dar pasos prácticos para que te califiquen al instante como una persona agradable;

■ evitar el «voy mejorando a medida que entro en calor» en las entrevistas y las presentaciones;

■ convencer e influir con mayor eficacia.

Las primeras impresiones

Ya sabes que es importante caer bien a los entrevistadores. Probablemente crees que agradar a los demás o tener su aprobación es algo que simplemente «ocurre». ¿En serio? ¿No crees que es posible realizar acciones concretas para caer mejor y ayudar a un entrevistador a darte su aprobación?

Para la mayoría de nosotros, caer bien es algo que damos por sentado. En este caso resulta bastante adecuado culpar a los padres por la posible dejadez de tu enfoque. ¿Por qué? Porque es probable que tus padres te diesen el don del amor incondicional. Tus hermanos, si los tienes, seguramente habrán hecho lo mismo. Todo está relacionado con los lazos del amor; por mucho que discutas con tu familia, ellos estarán ahí cuando las cosas se pongan difíciles.

La aprobación paterna está muy bien para el ego, pero no tanto para cultivar la habilidad de caer bien. También cuando eras pequeño contabas con la ventaja de la ternura que inspirabas. Los bebés y los niños pequeños son adorables porque esa característica forma parte de su mecanismo de supervivencia. Todo el mundo les trata bien, les hace carantoñas y les sonríe por cualquier cosa. Eso podría haberte llevado a considerar la aprobación como un derecho inamovible.

Apuesto a que ahora ya no eres tan adorable, ¿verdad? Si ahora gritas y te comportas de manera caprichosa, dudo que los demás te sonrían y te hagan cosquillas bajo la barbilla.

A medida que creciste, empezaste a socializarte más allá del grupo familiar, a encontrar amigos y a crear aliados en el colegio. Espero que esa socialización te hiciese adquirir y pulir tus **habilidades de congraciamiento.** Se trata de las técnicas que empleas (de manera consciente o inconsciente) para caer bien y conseguir la aprobación de los demás. El problema es que, seguramente, no tienes mucha idea de qué funciona y qué no, y tiendes a actuar por intuición en la mayoría de los casos. Este enfoque aleatorio no es artificial, pero no te servirá de ayuda cuando necesites adoptar un enfoque más proactivo. ¿Cómo puedes asegurarte de caerle bien al entrevistador cuando sólo dispones de unos minutos para impresionarle? ¿Cómo puedes causar buena impresión a alguien que acabas de conocer y asegurarte de que esa impresión sea positiva?

Los psicólogos lo llaman **gestión de la impresión,** y consiste en dar los pasos necesarios para caer bien y conseguir aprobación en una fase muy temprana de la relación. Aunque no existen unas pautas determinadas para dar en el blanco a la primera, puedes mejorar tus posibilidades aumentando el nivel de conciencia y flexibilizando tu conducta sin parecer un pelota.

Los psicólogos Jones y Pittman (1982) identificaron cinco motivos estratégicos fundamentales para la gestión de la impresión:

1. **Autopromoción:** convencer a los demás de que eres competente.
2. **Congraciamiento:** conseguir caer bien.
3. **Intimidación:** hacer que los demás se muestren precavidos contigo.
4. **Ejemplificación:** demostrar que eres respetable.
5. **Imploración:** hacer que los demás te tengan pena y te ayuden.

Esta lista es importante para tu preparación de cara a la entrevista porque te ayuda a tener claros tus objetivos de conducta. Espero que sepas distinguir qué motivaciones son adecuadas para tus entrevistas y cuáles conviene dejar al margen. Incluso voy a ser lo suficientemente atrevida para añadir un factor motivacional más a la lista de Jones y Pittman:

Sexualidad: conseguir que te encuentren físicamente atractivo y deseable.

Probablemente, tus **autopromociones** en la infancia serían muy básicas. La mayoría de los niños tienden a centrarse en las habilidades de **intimidación** (los matones de recreo que dominan por el temor que despiertan, y que suelen ser muy populares por razones obvias) o de **imploración** (parecer desamparado y vulnerable para conseguir ayuda y protección).

Cuando creciste, probablemente notaste que el sexto factor también tenía mucho valor y añadiste la **sexualidad** a tu limitado repertorio.

De aquí surge la tendencia a agarrarse a un clavo ardiendo cuando de repente queremos caer bien o conseguir aprobación en el trabajo. Sin planificación, tus conductas fundamentales de **congraciamiento** durante tus entrevistas podrían ser cualquiera de las siguientes.

Adoptar un enfoque desafiante, casi agresivo, con la intención de impresionar al entrevistador a través de la fortaleza de tu carácter. Esta conducta también incluye el rechazo a modificar el aspecto o el comportamiento para crear armonía.

Utilizar señales verbales o de lenguaje corporal para sugerir simpatía y amabilidad. Por ejemplo, decirle al entrevistador que estás nervioso antes de empezar o utilizar señales de sumisión (retorcerte las manos, barreras corporales e incluso risa nerviosa). Muchas de estas señales se conocen como **remotivadores seudoinfantiles.** Actúas como un mono sumiso que emplea conductas infantiles en un intento de ganarte la simpatía del mono dominante y evitar un ataque.

Flirtear para conseguir aprobación. Puede incluir señales de lenguaje corporal como cruzar las piernas, parpadear con rapidez, dedicar cumplidos personales o incluso vestirse con la intención de atraer sexualmente. En el mundo de los monos también encontramos **remotivadores seudosexuales:** el mono sumiso utiliza comportamientos sexuales (mostrar el trasero, por ejemplo) para desviar los pensamientos de enfrentamiento del mono más agresivo. ¡No me digas que nunca lo has probado! (no me refiero a exhibir tu trasero, sino a llevar tacones o utilizar un poco más de colonia de vez en cuando).

Por mucho éxito que puedan tener las técnicas de **intimidación, imploración** y **sexualidad,** si eres un mono que corre el riesgo de ser atacado por un mono más grande, creo que estarás de acuerdo conmigo en que no son de mucha utilidad cuando se espera conseguir el éxito en una entrevista de trabajo. Las tres técnicas implican riesgos. La **intimidad** puede provocar conflictos y aversión activa; la **imploración** puede despertar incomodidad en lugar de simpatía, y la **sexualidad** podría desembocar en una cita en lugar de en un trabajo nuevo. Será mejor centrarse en la **autopromoción, el congraciamiento** y la **ejemplificación.**

Autopromoción

Será un doble ataque reforzado con las técnicas de lenguaje corporal que has aprendido en el capítulo 6. Tu currículum proporcionará las pruebas escritas; por lo demás, todo depende de lo que respondas a sus preguntas (que se tratarán en el capítulo 11).

Ejemplificación

Consiste en ofrecer pruebas de que eres una buena persona, de que tienes un código moral sólido y sabes comportarte. Con esta técnica promocionarás cualidades como la honestidad, la integridad y la fiabilidad. Este libro contiene una frase clave que voy a recordarte una vez más: no lo digas, demuéstralo. No dudes en hacer saber a tu entrevistador que eres un modelo de integridad, pero asegúrate de poder reforzar tus palabras con pruebas. De lo contrario, tus afirmaciones sólo serán opiniones sin ninguna utilidad.

Congraciamiento

Los psicólogos han estudiado qué es lo que hace que caigamos bien a otras personas. E. Jones (1990) llegó a una serie de conclusiones que detallaré enseguida. Aunque sería necesario adaptarlas al entorno laboral, la lista de conductas que te presento a continuación representa una valiosa guía sobre las habilidades que necesitarás. La creación rápida de un ambiente armónico es un factor fundamental para tener éxito en la entrevista. A diferencia de los amigos sociales, un entrevistador necesitará darte su aprobación de forma inmediata, ya que no hay lugar para el «calentamiento» en un encuentro que puede durar menos de una hora. No esperes caer mejor a las personas que te entrevisten a medida que te conozcan más: es probable que ni se molesten en comprobarlo, sobre todo si su primera impresión es negativa.

Estrategias de autopresentación estratégica de Jones

Estar de acuerdo con sus opiniones. Sé que puede sonarte a peloteo, pero ser estratégico significa mostrarse creíble al manifestarse de acuerdo en las cuestiones importantes al tiempo que se corren riesgos y se muestran los posibles desacuerdos en temas triviales. Se equilibra el acuerdo enérgico con el débil. Durante una entrevista, esta estrategia podría consistir en realizar comentarios positivos sobre el transporte público aunque el entrevistador haya sugerido que no es demasiado eficaz. Por ejemplo: «Le entiendo, pero yo tengo suerte. La línea que utilizo es bastante puntual» (ligero desacuerdo sobre un tema relativamente trivial), en lugar de «Estoy en contra de las grandes empresas que obtienen beneficios enormes» (al hablar de una gran compañía) o «No, no estoy de acuerdo. Creo que el liderazgo consiste en asegurarse de que los subordinados hagan lo que se les dice, no en proporcionarles *coaching* y apoyo».

Ser modesto de manera selectiva. Esto no significa rebajarte a la primera ocasión, sino sólo en aquellos aspectos que no importan demasiado para el trabajo que solicitas. «El karaoke se me da bastante mal» sería una confesión aceptable (a menos que el trabajo requiera habilidad musical); en cambio, «Por las mañanas me cuesta mucho levantarme» o «No sé cómo conseguí mi último trabajo; fue por suerte, supongo», ¡no!

Intentar no parecer desesperado por conseguir la aprobación de los demás. Normalmente nos sentimos incómodos o decepcionados por las muestras evidentes de adulación.

Disfrutar de los logros ajenos. Es mejor incluir referencias casuales a tu relación con ganadores que con perdedores.

Y éstas las he preparado yo misma

Tus técnicas de congraciamiento no tienen por qué terminar ahí. A continuación te ofrezco otra lista. Estas cualidades crean una impresión favorable en las entrevistas. Demostrado.

- **Altruismo** o ayudar al entrevistador: puede ser una acción muy modesta, como abrirle la puerta o acercarle unos documentos que no alcanza, o algo más significativo como decirle a un jefe muy ocupado que puedes ayudarle con el papeleo o con las llamadas.
- **Adecuación del estatus:** captar bien las señales de estatus (como hemos visto en el capítulo 6).
- **Normas de conducta en la comunicación:** ser educado y colaborador, no interrumpir para exponer tu punto de vista.
- **Confianza:** parecer cómodo y satisfecho contigo mismo, pero sin llegar a la arrogancia o a la falta de respeto.
- **Entusiasmo:** parecer enérgico y dinámico.
- **Humor y felicidad:** utilizar el humor para crear lazos, pero sólo cuando sea adecuado. Nada de chistes ni de risas disimuladas en el momento inoportuno.
- **Revelación:** explicar algo honesto y abierto de ti mismo.
- **Crear un ambiente de buen entendimiento:** dar un buen apretón de manos, sonreír con los ojos además de con la boca, dirigirte a los demás por su nombre y hablar discretamente como si ya tuvieses el trabajo.
- Utilizar señales de escucha activa.
- Ofrecer un aspecto elegante y aseado.
- Resultar positivo y optimista.
- Ser puntual.
- Mostrar respeto por la otra persona, por el trabajo y por la empresa.
- Utilizar la técnica de espejo.

Reetiquetado: cómo cambiar una impresión o un prejuicio

Si tu entrevista es interna (es decir, si solicitas un puesto dentro de la compañía para la que ya trabajas), podría ocurrir que te encuentres con ideas preconcebidas.

Estereotipar a los demás en el trabajo es algo habitual, principalmente porque poner etiquetas facilita en gran medida el hecho de entender y tratar con los demás. Por desgracia, eso puede provocar que las opiniones acaben siendo inamovibles y que una mala impresión se arraigue y te persiga el resto de tu carrera en esa empresa. Esta injusta forma de identificación es el **etiquetado.** He conocido casos en que las ideas preconcebidas pasan de un jefe a otro. Opiniones como «Es correcto como administrativo, pero le falta capacidad para gestionar y confianza para liderar» se adjudican a una persona y quedan grabadas en su imagen hasta mucho tiempo después, incluso cuando la observación ya no es adecuada. Puede resultar muy difícil cambiar una percepción arraigada. A muchos trabajadores les resulta más sencillo cambiar de empresa; descubren así que su carrera puede prosperar donde no tienen que enfrentarse a ideas preconcebidas.

Si crees que tu carrera está atascada por este motivo, tendrás que planificar tu intervención de manera estratégica antes de presentarte a la entrevista y comunicarte con ingenio durante el interrogatorio.

Averigua qué impresión se tiene de ti. Cuidado con los rumores: podrían ser infundados o deberse a malas interpretaciones.

Investiga todos los datos que puedas. ¿Surgieron percepciones negativas durante un encuentro individual o con más de una persona? ¿Se tomaron notas o se envió algún correo electrónico? ¿Puedes rastrear esa información? En ocasiones, la relectura de un documento puede evitar que tus recuerdos sean demasiado subjetivos. A nadie le gustan las críticas, y está demostrado que reaccionamos de forma exagerada o con emoción. ¡Mal hecho!

¿Puedes preguntar a alguien con cierta autoridad? Podría ser una conversación difícil, pero resulta necesaria si quieres progresar. ¿Hay un superior directo en el que confías? ¿Existen documentos escritos en el departamento de Recursos Humanos?

¿Puedes adoptar una visión retrospectiva objetiva de tu trabajo hasta la fecha? Olvida todas las excusas y los motivos. ¿Qué hechos fundamentales podrían haber provocado una impresión negativa de tu trabajo a raíz de tu conducta?

¿Puedes trabajar para crear una visión más favorable y positiva? ¿Qué has conseguido en tu carrera? Resulta más fácil dirigir a la gente hacia lo positivo que alejarla de lo negativo.

Entiende tus pensamientos sobre los aspectos negativos. ¿Estás tratando de ignorarlos sin más? Si eres culpable de no rendir lo suficiente, de cometer errores o de llegar tarde, por ejemplo, siempre será mejor que reconozcas tus errores antes de seguir adelante.

Evita lo que se conoce como **proceso de atribución.** Significa que cuando hacemos algo que no cumple con los objetivos o los niveles de aceptación, intentamos achacar nuestro fracaso a fuerzas externas (no ha sido por culpa nuestra y escapaba a nuestro control). Evita escuchar o crear mentalmente listas de excusas y empieza a observar tus «problemas» de conducta desde el otro lado.

Sé estratégico. Estudia las posibles objeciones de tus entrevistadores sin verlas desde tu perspectiva. Es importante tomar conciencia de los fallos en tu carrera y saber si las críticas están justificadas o no, e incluso en este último caso, ser consciente de que existen.

Tu pensamiento debería estar en esta línea:

- «Sé que metí la pata el año pasado en la tarea de fomento del espíritu de grupo y que eso ha creado una mala impresión sobre mi capacidad de liderazgo. Sin embargo, desde entonces he ocupado dos puestos importantes de liderazgo en el trabajo, y un par más fuera, y voy a utilizarlos para demostrar mi capacidad», no:
- «Sé que aquella tarea salió mal, pero no fue culpa mía porque

mi jefe fue quien tomó todas las decisiones. No debería ir en mi contra. Sé que soy un líder capacitado».

Tanto si el problema fue por culpa tuya como si no, es mejor responsabilizarse y encontrar la manera de avanzar, haciendo todo lo posible para borrar esa mala impresión mediante pruebas y no con opiniones.

Provocar cambios

Cambiar las percepciones negativas requiere una estrategia con cuatro aspectos:

1. **Relaciones públicas personales:** hacer cosas y dar pasos para cambiar activamente su opinión de ti.
2. **Consenso:** aportar pruebas de que hay personas que tienen muy buena opinión de ti (por ejemplo, con referencias o incluso consiguiendo que hablen a tu favor).
3. **Recargas:** añades varias capas de cualidades positivas a la impresión que tienen de ti. De ese modo consigues una imagen más tridimensional.
4. **Congruencia:** dar la impresión de que crees en lo que dices durante la entrevista.

EN RESUMEN

- No adoptes un enfoque pasivo para caer bien o ganarte la aprobación en una entrevista. Existen técnicas sencillas para duplicar las posibilidades de crear un clima de entendimiento.
- Cambia algunas de tus habilidades actuales de congraciamiento. ¿Se basan en asunciones del tipo «acéptame como me ves» o en técnicas de la infancia? Aprende y pule algunas habilidades más propias de los adultos que puedas aplicar de manera práctica.
- No permitas que las ideas preconcebidas o las impresiones negativas te sobrevuelen y arruinen tus posibilidades de éxito. Toma las medidas necesarias para cambiar las opiniones arraigadas.

10 PRESENTACIONES DURANTE UNA ENTREVISTA

No todas las entrevistas consisten en sentarse frente a una persona. Como indicaba en el capítulo 1, es posible que te hagan participar en ejercicios, pruebas o incluso presentaciones en grupo. Las presentaciones de empresa son un elemento habitual del paisaje de los procesos de selección. Cabe la posibilidad de que te pidan que realices una presentación en alguna fase del proceso de la entrevista. Este capítulo te brinda un breve pero eficaz resumen de todo lo que necesitas saber para que tus ejercicios y presentaciones brillen y causen una buena impresión:

- preparación rápida y fácil;
- cómo realizar una presentación con seguridad y carisma;
- por qué la idea de una presentación debe verse como una oportunidad ideal para destacar en la fase de la entrevista;
- cómo destacar en los ejercicios en grupo.

¡Siente el miedo!

Aunque te aterre la idea de realizar una presentación ante un grupo de entrevistadores (hablar en público ocupa el segundo puesto, por detrás de la muerte, en la lista de lo que más temen las personas), es importante que consideres la perspectiva de dar una charla como una oportunidad y no como una forma de tortura exquisita.

Una presentación significa una ocasión para dirigirte a tu público sin interrupciones (probablemente). Eso significa que puedes dar lo mejor de ti mismo sin depender de que tus interrogadores te hagan las preguntas adecuadas.

Los seguidores de programas como *Dragon's Den* saben que la única persona en el mundo que puede echar a perder tu puesto eres TÚ. En muchos casos, los que realizan una presentación llegan muy nerviosos, se quedan sin ideas y realizan afirmaciones estúpidas que los dejan en muy mal lugar. No se preparan e intentan encandilar o engañar al personal.

Si tienes una presentación de selección a la vista, probablemente será de uno de estos dos tipos:

1. Una charla sobre ti mismo y las razones por las que deberían darte el puesto.
2. Una charla para demostrar que eres capaz de vender. Se valorarán más tus habilidades que el contenido (que puede ser, por tanto, menos específico).

Sea cual sea el objetivo de la presentación, la preparación tendrá la misma estructura:

- **Preparación:** estructurar y planificar la presentación.
- **Presentación:** planificar la intervención y las ayudas visuales que utilizarás para transmitir el mensaje.
- **Personalidad:** trabajar en tus técnicas de presentación.

¿Qué es una presentación?

Una charla. En este caso, hablarás ante un grupo de entrevistadores, pero en lugar del formato de preguntas y respuestas serás tú el que hables y ellos los que escuchen.

Es posible que tengas que realizar la presentación delante del grupo, de pie, o bien sentado en una mesa de reuniones.

Existen dos reglas de oro para una buena presentación de empresa: **conoce tus objetivos y tenlos en mente.**

Mantener los objetivos

La presentación tendrá un tiempo limitado (la empresa te concretará exactamente cuánto tiempo se espera que dure tu charla). Para asegurarte de no perder el tiempo hablando de cosas irrelevantes es importante que te recuerdes a ti mismo el objetivo de la charla. Estás ahí para convencerles de que te den el trabajo. Este hecho debería ayudarte a decidir qué debes decir en la charla y qué te conviene descartar. He visto a candidatos que disponían de diez minutos y se pasaron cuatro hablando de su paso por el colegio. Un candidato empezó a hablar de su afición favorita y se pasó cinco minutos charlando con entusiasmo sobre la pesca con mosca. Otro explicó su sueño de visitar Nueva York con el coro al que pertenecía.

Cuando hayas establecido que tu objetivo es conseguir un trabajo, podrás empezar a «filetearlo», como si fuese un pescado. Imagina que la espina es tu objetivo principal. Cada tema del que decidas hablar durante tu presentación debería guardar una relación directa con ese objetivo.

Imaginemos que tu idea principal es: «Sé que soy la persona adecuada para este puesto porque...».

Escribe seis razones fundamentales que sostengan esa afirmación. Ten en mente tus habilidades, experiencia, actitud, habilidades blandas, entusiasmo y personalidad.

Cuando tengas tus seis razones (como mínimo), engórdalas un

poco añadiendo pruebas (por ejemplo: «Se me da bien formar equipos. El mes pasado organicé un equipo para abordar el problema de... y terminamos el proyecto con éxito y con la participación de todos los miembros del grupo»).

Una vez creado el eje principal, podrás empezar a dar forma a la estructura clásica en tres partes. La mayoría de las buenas presentaciones utilizan esta sencilla estructura: **principio, núcleo** y **final.**

- **Principio:** diles de qué vas a hablar (preséntate y explica por qué quieres el trabajo).
- **Núcleo:** explica exactamente qué puedes ofrecer a la empresa y por qué serías bueno en el puesto que ofrecen.
- **Final:** resume los puntos principales de la presentación y da las gracias por su atención.

Primero, trabaja desnudo

¡No, no literalmente! «Trabajar desnudo» significa planificar y ensayar tu presentación sin ayudas visuales. Las incorporarás después si crees que ayudarán a entender mejor tus ideas.

Si no tienes experiencia en presentaciones, o si es tu primer trabajo, dudo que tengas que utilizar una *lightpro* o un rotafolio. (La *lightpro* es una máquina de diapositivas que se conecta al portátil. Se crean las diapositivas en el PC y después se pasan al proyector. El rotafolio es un cuaderno de hojas muy grandes sobre un caballete o atril.)

Guiones

Uno de los peores errores que se cometen en las presentaciones es leer un guión o «soltarlo» de memoria. Cuando se trabaja a partir de un guión, se pierde naturalidad y las palabras no parecen corresponderse con los pensamientos. Nunca te plantes ante los entrevistadores con una hoja de papel y empieces a leer. Aunque tengas la intención de improvisar, te resultará casi imposible una vez que hayas comenzado a leer. He visto a candidatos leer el saludo: «Buenos días, señoras y señores, y gracias por recibirme». ¡Parecía un robot!

Sí: lleva notas, pero que sean sólo puntos muy breves que te ayuden a seguir la estructura.

NO realices la presentación con las notas en la mano. Escríbelas con letra grande y déjalas donde las veas bien.

Sí: utiliza un tono natural, no artificial.

Nunca memorices el guión. Tu mensaje trata sobre ti y, por tanto, debería salir del corazón, no sólo de la cabeza, de la memoria. Si dudas ante un guión memorizado, podrías no recuperarte. Deja que tu cerebro piense por sí mismo.

Consejos para una presentación perfecta

- Tómate un momento antes de empezar.
- Crea un poco de espacio si necesitas recolocar la silla o quitarla de en medio.
- Ponte en una posición cómoda, respira y relájate.
- Empieza por presentarte.
- Sonríe a los entrevistadores mientras te presentas. Saludar y decir tu nombre no funcionará si lo haces mientras te miras los pies y frunces el ceño.
- Respeta el tiempo que te asignen. Te ayudará tener un reloj pequeño en la mesa.
- No lleves nada en las manos. Deja bolígrafos, papeles o bolsos antes de empezar.
- Dirígete a todos los miembros del grupo mientras hablas. No olvides mantener el contacto visual.
- Si alguien te hace una pregunta, empieza a responder mirando a esa persona y después incluye a todo el grupo.

- Utiliza gestos abiertos y enfáticos; no cruces los brazos ni te muestres inquieto, y nunca te metas las manos en los bolsillos.
- Recuerda que menos es más. Ofrece una charla clara y concisa, no te vayas por las ramas sólo para hacer tiempo.

Cuando termines la presentación, da las gracias por la atención recibida. Ten cuidado con los **gestos de negación** al final de la charla. Son como pequeñas explosiones de alivio por haber terminado: poner los ojos en blanco, resoplar, sonreír de manera burlona o nerviosa, realizar gestos infantiles o incluso volver como un estúpido a tu silla. Todos esos gestos responden al deseo subconsciente de caer bien y conseguir aprobación, pero también pueden sugerir que todo lo que acabas de decir son tonterías o mentiras. Haz una pausa cuando termines, mantente quieto pero no abandones el contacto visual. Sonríe y espera por si te hacen preguntas.

Si utilizas diapositivas, conviene que sean sencillas. No debes emplearlas a modo de guión, y no supondrán una «guía para tontos» como acompañamiento a tu charla. Un ejemplo de ese tipo de guías es una que vi no hace mucho en una constructora (obviamente, he cambiado los nombres).

- **Diapositiva 1:** presentación de 10 minutos de Brian Smith, 23 de octubre de 2008.
- **Diapositiva 2:** por qué solicito este puesto.
- **Diapositiva 3:** dónde vivo.
- **Diapositiva 4:** experiencia laboral (con detalles morbosos).

Las siguientes diapositivas tenían tanto texto y detalles que nadie podría haberlas leído aunque quisiera (que tampoco).

Las diapositivas de este tipo contienen detalles para el candidato, no para los entrevistadores. Es una situación parecida a la de un actor que deja su guión con notas y las instrucciones de escena encima del escenario para que el público los pueda leer.

Acuérdate de dejar la pantalla en blanco mientras hablas. Presiona la B del teclado y repite cuando quieras volver a poner una diapositiva.

Si te piden que la presentación trate de un tema concreto para poder evaluar sus capacidades, tómate todo el tiempo que puedas para investigar. Tienes que parecer un experto en la materia aunque sea relativamente desconocida para ti.

Al final puedes sugerir una tanda de preguntas, pero no insistas en que esperen hasta entonces. A algunos entrevistadores les gusta interrumpir, y es una de sus prerrogativas. Si te hacen preguntas, date por satisfecho, ya que significa que se interesan y quieren saber más. Nunca te pongas a la defensiva, y mucho menos agresivo, si crees que te están desafiando.

Si no sabes la respuesta a alguna pregunta, dilo. Añade, eso sí, que te gustaría averiguarla y pregunta cuándo y dónde puedes conseguir esa información.

Realiza la presentación con tus propias palabras. Ten el control de tu material en todo momento.

Consejos para las entrevistas en grupo

- Saluda a cada miembro del equipo cuando entres en la sala. Si les estrechas la mano, no te dejes a nadie y acompaña cada apretón con un contacto visual y una sonrisa.
- Repite el nombre de cada entrevistador, como si quisieras recordarlos.
- Nunca des por sentado quién lleva la voz cantante en el equipo. En general, la persona que inicia los cambios de postura es el «líder»; cuando alguien se mueve en su silla y los demás le siguen, ése suele ser el que toma las decisiones. En cuanto a ti, te conviene actuar como si **todos** estuviesen al mando. Sé especialmente precavido con la idea de que el hombre de más edad debe de ser el jefe. Una de las maneras más rápidas de ofender consiste en dirigirte continuamente al tipo mayor del traje cuando respondes a sus preguntas e ignorar a la joven

sentada a su lado (o incluso dar por sentado que es la secretaria. ¡Bah! ¡Todavía ocurre!).

■ Cuando te hagan una pregunta, empieza a responder mirando a la persona que te la haya hecho y después incluye a todos en el contacto visual.

■ Conviene llevar varias copias de la documentación que aportes (certificados, currículum, referencias) para ofrecer una a cada entrevistador.

■ Da las gracias a cada miembro del equipo y vuelve a estrecharles la mano antes de marcharte.

Consejos para los ejercicios en grupo

En esta fase de la entrevista se ponen a prueba tus habilidades blandas. Es posible que te convoquen en un centro evaluador o que tengas que realizar el ejercicio en la propia empresa.

■ Escucha o lee las instrucciones con atención. La tarea puede ser muy sencilla o muy compleja. En cualquier caso, asegúrate de repasarla bien; no te precipites.

■ Participa. Quedarte sentado y en silencio no es una buena opción. Quieren ver cómo trabajas, no cómo haces lo que te dicen.

■ Juega en equipo. Si eres líder, demuestra tu capacidad de liderazgo; si eres un miembro del equipo, demuestra que sabes escuchar otros puntos de vista y trabajar con otras personas.

■ Algunos ejercicios constan de dos equipos. No compitas. En general, las actividades con dos equipos son una especie de «trampa» y la tarea sólo se puede completar si existe un entendimiento entre los dos equipos.

■ Se evaluará tu capacidad de comunicación bajo presión. ¿Sabes escuchar bien y hablar de manera clara y concisa? ¿Sabes hacerte entender por el resto del equipo?

- Demuestra también tu capacidad de análisis. ¿Eres capaz de leer las instrucciones, entenderlas, planificar una estrategia y plantear soluciones?
- Demuestra lo que las empresas llaman el pensamiento del «todo es posible». Aunque la tarea parezca imposible, demuestra que estás pensando cómo se puede hacer, no por qué no se puede.
- Utiliza el diálogo para exponer tu pensamiento. Si permaneces en silencio, parecerá que no participas.

Consejos para los días de evaluación

Las grandes empresas recurren con frecuencia a centros de evaluación para poner a prueba a los candidatos. Las evaluaciones pueden durar de uno a tres días. No te preocupes: debes verlas como una manera desafiante de demostrar tu valía. Las técnicas normales de entrevista pueden hacer que algunas «estrellas» se escapen porque no llegan a destacar en las sesiones de una hora. Esos centros ofrecen la oportunidad real de demostrar lo que sabes hacer.

Una de las evaluaciones más duras es la que realizan las fuerzas armadas. En general, los candidatos se someten a tres días de duras pruebas físicas, resolución de problemas y capacidad de pensar bajo presión.

Las compañías financieras prefieren las pruebas del tipo **asuntos pendientes:** los candidatos tienen una hora para leer, analizar y ordenar por prioridad un montón de documentos. Además, dichas empresas son muy dadas a realizar entrevistas personales para valorar los conocimientos económicos de los candidatos.

Sé que en la introducción del libro digo que rechaces el consejo de «ser tú mismo», pero cuando hablamos de centros de evaluación y de realizar ejercicios físicos y pruebas de aptitud, resulta bastante difícil ser otra cosa. El trabajo de esos centros consiste en ir más allá y descubrir qué sabes hacer realmente. En cuanto a los ejercicios físicos o las pruebas de aptitud, es mejor aplicar la confianza en uno mismo y las técnicas de relajación, ponerse manos a la obra y disfrutar de la experiencia.

Por favor, recuerda en todo momento para qué estás ahí. Es posible que te evalúen en todo momento, de manera que si el centro es residencial, nada de borracheras ni de saltarse las normas. Da lo mejor de ti mismo en todo momento.

EN RESUMEN

- Conoce tu objetivo, tenlo en mente y dirige hacia él todas tus ideas fundamentales y tu capacidad de persuasión.
- Utiliza una estructura sólida dividida en tres partes.
- Planifica el uso de notas y puntos; prescinde de los guiones.
- Si utilizas ayudas visuales, como diapositivas, deben estar pensadas para estimular al público, no para ayudarte a ti.
- Demuestra capacidad de creación de espíritu de equipo y de liderazgo en los ejercicios en grupo.
- Mantén la calma, no te dejes llevar por el pánico y no te precipites. Podrías echar a perder tu capacidad de planificación de estrategias.

11 SOBREVIVIR AL PROCESO PREGUNTAS-RESPUESTAS

Este importante capítulo repasa el tipo de preguntas que pueden formularte en las entrevistas y te enseña a planificar las respuestas más brillantes.

Trabajo esencial antes de la entrevista

Haz los deberes. Averigua todo lo que puedas de la empresa, de su cultura y de sus productos o servicios. No des nada por sentado. Algunas grandes compañías tienen una diversa gama de productos, y es fundamental que los conozcas todos. Muchas firmas aglutinan a varios grupos y cuentan con una gran oferta de productos. También debes conocer dónde se encuentra la sede. ¿La empresa se dirige desde el extranjero? ¿Cuál es su nacionalidad? Aquí tienes ideas para investigar:

- Busca en internet. La mayoría de empresas tienen páginas con información.
- Consigue o prueba el producto o servicio (siempre y cuando no sea un Bentley).
- Pregunta a la empresa. Puedes llamar a Recursos Humanos antes de la entrevista y preguntar si pueden enviarte algún material para conocerles mejor. En la mayoría de los casos, lo harán de muy buen grado. Además, en su publicidad algunas incluyen ofertas de trabajo.
- Si solicitas el puesto a través de una agencia, pregúntales a ellos. Recuerda que impresionar a la agencia es tan importante como impresionar a la empresa para la que solicitas el puesto. Nunca des a entender que esperas que la agencia investigue por ti.
- Lee las páginas de economía y empresa de los periódicos. ¿La empresa para la que solicitas el puesto cotiza en Bolsa? Si es así, podrás informarte sobre su progreso y aportar información actual.
- Pregunta a alguien que trabaje en la empresa. ¿Conoces a alguien personalmente, o a través de terceros? Pregunta en tu círculo social o averigua si algún compañero de la universidad puede darte pistas.

Examina el sector

No te limites a investigar sobre la empresa en concreto; amplía tu campo de acción y echa un vistazo a todo el sector. ¿Quién es la principal competencia? ¿Qué cuestiones están sobre la mesa? ¿Qué hace cada uno? Ya deberías sentir auténtico interés, o incluso pasión, por el sector en sí mismo, pero si tus conocimientos son muy rudimentarios tendrás que recabar más información. Por ejemplo, sería una locura solicitar un puesto en el sector de la moda sin conocer a los principales diseñadores y a qué mercados van dirigidos. Si quieres un trabajo en una revista, deberías saber quién es el propietario del grupo y qué otras revistas edita, además de conocer a sus principales rivales. Si tu trabajo pertenece al campo de la tecnología de la información, sería un error dar por sentado que tus conocimientos de informática son suficientes para impresionar. El departamento de tecnología de la información podría ser una pequeña parte del negocio y tener un papel de «refuerzo». ¿Cuál es la actividad principal de la empresa? Te sorprendería saber la cantidad de candidatos que afirman «Esto es algo que siempre he querido hacer», pero demuestran muy pocos conocimientos (o ninguno) del negocio o del sector cuando se les pregunta.

Lee mucho cuando investigues a la empresa; visita la librería más próxima y busca libros sobre el sector que puedan brindarte más conocimientos.

Camina. Si es posible, invierte algún tiempo en visitar empresas (algunas incluso ofrecen visitas guiadas con cita previa o si disponen de acceso al público). Aunque no puedas acceder, considera la posibilidad de presentarte en la puerta a la hora de entrada o de salida

> **¿HASTA QUÉ PUNTO DEBES SER HONESTO?**
> Un estudio sobre solicitantes de empleo realizado por YouGov en 2007 reveló que el 91 % de los empleados prejuzga lo que los jefes quieren oír y ajustan sus respuestas en consonancia.

para ver a los empleados y hacerte una idea del estilo de ropa y de la cultura global de la empresa.

Las ferias de empleo proporcionan información muy valiosa, igual que las ferias o exposiciones sobre el sector que te interesa. Acude a todas las que puedas, aunque tengas que desplazarte, ya que pueden ser una fuente de abundante información.

Conviértete en un experto en el sector. Nunca acudas a una entrevista con una actitud de «Puedo responder a todas las preguntas que quiera». Los candidatos que se molesten en investigar sobre la empresa y el sector antes de la entrevista tendrán una gran ventaja sobre el grupo del «a ver qué pasa».

Reestructura tus habilidades

Tendrás que examinar las habilidades y competencias necesarias para el trabajo y después reestructurar tus propias habilidades con el fin de encajar lo mejor posible. Esta operación puede resultar incómoda o incluso deprimente si tienes que prescindir de una habilidad que te enorgullece sólo porque no es necesaria para el puesto. Sin embargo, tu enorme talento para entrenar caballos no te servirá de nada en una oficina. Y tampoco tu capacidad de liderazgo si te piden que trabajes como un miembro más en el seno de un equipo.

Sería estupendo poder solicitar trabajos que encajen a la perfección y de manera natural con tus habilidades, talentos y ambiciones. Sin embargo, si estás preparado para ser flexible porque de lo que se trata es de conseguir un empleo, reestructura o redistribuye algunas de tus habilidades para asegurarte de que las más adecuadas ocupen los primeros puestos de tu lista, que no queden enterradas en el fondo, bajo una pila de talentos fabulosos pero irrelevantes. La mayoría de los anuncios de empleo contienen al menos dos apartados de información fundamentales: «el puesto» y «el candidato». Ahí es donde te dicen de manera muy resumida cómo desean que hagas el trabajo y cómo quieren que seas. Léelos, hazlos tuyos, grábatelos en la memoria y piensa cómo puedes decirles no sólo que posees esas cualidades vitales, sino también demostrarlo.

Lee y relee las especificaciones del puesto, y busca posibles pistas. Normalmente encontrarás detalles sobre las cualificaciones que se exigen, pero también sobre el carácter: trabajador, fiable, buen comunicador, preciso, divertido, afable, etcétera. Un repaso rápido por los anuncios de un periódico dominical actual revela frases como:

- visión estratégica demostrable y enfoque operativo pragmático;
- podrás guiar e inspirar al personal para trabajar de forma novedosa y resolutiva;
- diplomacia, tacto y excelentes habilidades interpersonales;
- líder fuerte y seguro, con energía y empuje y un estilo de liderazgo firme pero sensible;
- será decisiva tu visión clara;
- cooperador y entusiasta;
- gran capacidad para tomar decisiones;
- flexibilidad y capacidad para mantener una actitud positiva bajo presión;
- emprendedor y capaz de pensar por sí mismo.

Escribe una lista con el vocabulario anterior y analiza las palabras. Si no sabes qué significan, consúltalo. Algunos términos están abiertos a diferentes interpretaciones, y eso debería alertarte. Si lees palabras como «liderazgo», «pragmático», «emprendedor» o «cooperador», creo que lo más probable es que tengas que explicar qué te sugieren en algún momento de la entrevista.

Recopila pruebas sobre cómo podrías aplicarte esos términos. Piensa en ocasiones en que hayas sido cooperativo, etcétera. ¿Cómo describirías esas ocasiones de manera clara y concisa? ¿Tienes información de jefes anteriores, o incluso de profesores si eres nuevo en el mercado laboral?

Sé específico en cuanto a tus habilidades y talentos. Cuantos más detalles puedas dar, mejor; la información no parecerá una mera opinión, sino pruebas.

- En 2008 gestioné un proyecto para el que contábamos con poco tiempo y un presupuesto muy ajustado, y conseguimos una mejora de los beneficios del 45 % mediante el recorte en los gastos y reinvirtiendo lo ahorrado en el producto.
- Todavía no tengo experiencia en gestión de proyectos, pero he sido coordinador del comité de residentes durante tres años, gestionando un bloque de quince apartamentos y ocupándome de las reparaciones y del presupuesto.
- Aunque éste será mi primer trabajo en ventas a tiempo completo, tengo experiencia en el sector. El año pasado, mientras estudiaba, trabajé en una tienda de telefonía móvil a tiempo parcial. Mi puesto consistía en dar información y ofrecer asesoramiento técnico, además de trabajar en ventas por comisión. Los dos últimos meses en el puesto fui líder de ventas.

Cualquiera de esta información sonará mejor que: «Soy un buen líder/jefe/vendedor», por muy sincero que parezcas. Recuerda la frase clave: **¡pruebas, no opiniones!**

Estructura los datos

Mantén un plan de estructuración sencillo cuando trates de encajar los requisitos con tus habilidades.

Prepárate para saber responder a las siguientes preguntas y exponer los siguientes puntos relacionados con los requisitos:

- **Exigencia:** el puesto solicita capacidad de...
- **Tú:** poseo esa capacidad.
- **Define:** definiría esa capacidad como...
- **Demuestra:** puedo demostrar que poseo esa capacidad...

216

Ejemplo:

- **Exigencia:** el anuncio solicita capacidad de liderazgo.
- **Tú:** sé que tengo una buena capacidad de liderazgo.
- **Define:** pregunta: ¿cómo definirías las capacidades de un buen líder? Respuesta: creo que el liderazgo consiste en...
- **Demuestra:** en mi trabajo actual coordino a un equipo de cuatro personas. Llevo seis meses haciéndolo. Durante ese tiempo hemos trabajado en dos cuentas muy importantes que han dado muy buenos resultados [añade detalles, evalúa el éxito de manera específica, no subjetiva]. Motivé al equipo mediante cambios provocados por... [lista de habilidades y métodos, más aplicación].

> Las **habilidades transferibles** están muy buscadas en el mundo de la empresa. Son habilidades que aportan valor a cualquier organización. Cuando los directivos hablan de habilidades transferibles, se refieren a la gestión, la motivación, el liderazgo y la experiencia en beneficios y pérdidas.

Crea historias y ejemplos

Reestructura también tu **historial de experiencia.** Piensa en historias y ejemplos que aporten pruebas. Darán cuerpo a tu lista y humanizarán tus experiencias. A los empleados les gusta escuchar esos ejemplos en forma de historia, ya que pueden observar a la vez cómo muestras tus sentimientos. (Por cierto, con la palabra «historias» me refiero a hechos reales, no inventados.)

Las historias no siempre tienen que ser perfectas. La mayoría de proyectos y de trabajos se componen de una mezcla de experiencias y altibajos, y un futuro jefe se sentirá más seguro si te escucha relatar cómo superaste un contratiempo en lugar de lo maravilloso que eres. No dudes en incluir un par de dificultades en tu historia, pero asegúrate de que tengan un final feliz.

Ejemplo

«Empecé a trabajar en un proyecto de tecnologías de la información (TI) en 2007, y aunque originalmente sólo iba a durar un par de meses, la empresa contrató a cuatrocientas personas más en las Midlans y tuvimos que crecer para acogerlas a todas. Fue necesario motivar al equipo para trabajar el doble. Por suerte, siempre he sido muy práctico, y cuando el trabajo aumentó tanto, consulté los cambios con todos. Cuando el proyecto estaba llegando a su fin, yo me encontraba utilizando todas las estrategias de motivación a mi alcance, desde sesiones informativas en equipo hasta sobornos con galletas.»

Advertencia: aunque he utilizado el término «historias», debes asegurarte de que tus ejemplos sean concisos, que no se vayan por las ramas. Ve al grano. Si quieren más detalles, siempre pueden preguntar.

Trabaja en tus aficiones, tus intereses y tu experiencia

¿Dispones de tiempo para dedicarlo a experiencias relacionadas con tu carrera? Analiza el terreno. ¿Habías demostrado algún interés por ese sector previamente? En una ocasión entrevisté a una chica que quería un puesto en una revista para adolescentes. Me habló de su pasión por ese trabajo y me dijo que haría cualquier cosa por ser redactora. Le pregunté por su formación, si en su colegio se publicaba alguna revista. Me respondió que sí, pero que nunca había participado en ella. Nunca había entregado un artículo a ninguna revista o periódico, y ni siquiera había intentado que le publicasen una carta al director. Su descripción de su «pasión por ese trabajo» no encajaba exactamente con la mía.

Profundiza cuanto antes en el tipo de trabajo que quieres conseguir. Cualquier experiencia en el sector demostrará un deseo auténtico, energía e incluso «pasión» por el trabajo.

Estudia tus puntos débiles

Una buena preparación implica reforzar tus puntos fuertes, pero también ser consciente de los puntos débiles. Analiza tu currículum y tus capacidades en relación con los requisitos de la oferta de empleo y comprueba dónde existen huecos. O piensa en las críticas negativas, como llegar tarde o tener lagunas en tu carrera que no tienen una explicación sencilla.

Prepárate para las preguntas sobre este tema. No esperes que no se den cuenta o que no les importe. Piensa qué dirás si lo sacan a relucir y prepárate para hacerlo tú mismo si las lagunas son demasiado obvias, acompañándolas con su correspondiente explicación, en lugar de terminar sin ni siquiera haber sacado el tema.

Preguntas y respuestas

La fase principal de cualquier entrevista de trabajo es la sesión de preguntas y respuestas. Para muchos candidatos supone la parte más importante, aunque todo lo que hemos tratado hasta ahora sobre impacto personal y factores como el lenguaje corporal ya te han demostrado que eso está muy lejos de ser así. No obstante, es imprescindible que te prepares todo lo que puedas para enfrentarte a las preguntas.

¿Cómo puedes prever lo que te preguntarán? La mayoría de los entrevistadores hacen las mismas preguntas a todos los candidatos para ser justos. Habrán pensado en las preguntas con mucha antelación, y cada una tendrá un objetivo. El entrevistador, además, sabe que muchos tipos de preguntas están «fuera de los límites», como las que atañen al estado civil y a los hijos, porque podrían sugerir discriminación contra las mujeres.

En muchos aspectos, las preguntas relevantes o efectivas se reducen bastante, lo que significa que resulta relativamente sencillo prever algunas de las que te plantearán.

Tipos de preguntas

- **Personales:** sobre aficiones e intereses, acompañadas de una charla informal.
- **Hipotéticas (¿qué pasaría si...?):** por ejemplo, «¿Qué harías si en tu equipo hubiese un miembro conflictivo que amenaza con marcharse si no consigue un aumento?».
- **Habilidades de primera línea o de refuerzo:** si solicitas un puesto en el que se trabaja de cara al cliente, este tipo de preguntas pondrán a prueba tus habilidades en ese terreno y cómo gestionarías una queja.
- **Técnicas:** preguntas específicas basadas en conocimientos técnicos, no en opiniones.
- **Pensamiento creativo:** muchas empresas punteras (sobre todo las de TI) se enorgullecen de hacer preguntas sobre pensamiento creativo o resolución de problemas. Pueden recordar a aquellas preguntas tipo test para calcular el cociente intelectual, sólo que son más difíciles. «¿Cuántas veces se superponen las manillas de un reloj a lo largo de un día?», «¿Cómo moverías las pirámides?», «¿Sabes utilizar tu PC como microondas?». Algunas empresas incluso asignan tareas, como construir un puente entre dos sillas utilizando sólo papel y pegamento.
- **Definición:** te preguntan tus puntos de vista o tus opiniones sobre habilidades y técnicas.
- **Presión:** el entrevistador te presiona deliberadamente para ver cómo reaccionas.

- **Actitud y personalidad:** por ejemplo, «¿Por qué quieres este trabajo?», «Explícame tus errores más graves en el trabajo», «¿Qué sabes de nosotros y de nuestros productos?».
- **Experiencia:** «¿Cuándo ha desempeñado este tipo de trabajo?», «¿Qué formación tiene en...?».
- **Comprobación:** «Veo que en su currículum hay una laguna de tres meses. ¿Podría explicarme qué hizo durante ese tiempo?».
- **Preguntas:** «¿Le gustaría hacernos alguna pregunta?».

Preguntas personales

Cuando prepares tu currículum, intenta incluir intereses y aficiones que aporten pistas útiles sobre tu capacidad para realizar el trabajo que solicitas.

Nunca mientas sobre tus intereses; podría ocurrir que tu entrevistador sea un experto. Si mientes o exageras, asegúrate de recordar qué has escrito en tu currículum. Que te pregunten por tu afición al ala delta cuando tú te habías olvidado por completo puede resultar embarazoso y dejarte como un mentiroso.

Si has «engordado» tus intereses, asegúrate de poder hablar de ellos con comodidad. «¿Cuál es el último libro que ha leído/la última obra de teatro que ha visto?» son preguntas bastante fáciles si la lectura o el teatro figuran en tu currículum, pero te sorprendería la cantidad de candidatos que no piensan en las respuestas a este tipo de preguntas. Si en tu currículum figura algo de este estilo, toma nota mental de un par de buenos libros y obras por si te preguntan. Si dispones de tiempo antes de la entrevista, te sugiero que leas un par de libros que creas que pueden impresionar a los entrevistadores o que veas alguna película o una obra de teatro (o incluso algunos programas de televisión de calidad). Muévete si te has quedado un poco oxidado. Acude a una exposición de arte o juega algunos partidos de fútbol. Como norma general, éstos son algunos de los intereses y aficiones que podrían dar pistas sobre ti al entrevistador:

- **Deportes:** se te dan bien los juegos en equipo, en forma, con energía, confianza física.
- **Lectura:** tranquilo, inteligente (depende de la lista de lecturas).
- **Exposiciones:** intelectual, creativo.
- **Jardinería:** callado, cuidadoso, creativo, tranquilo.
- **Baile:** sociable; ¿puede implicar salidas hasta altas horas de la noche y resacas matutinas?
- **Cine:** no da demasiada información por sí solo hasta que se exponen las películas que ves. Evita las del tipo *Saw IV*.
- **Televisión:** ¿podría ser que fuera un teleadicto sin imaginación y sin vida social?
- **Cocina:** ¿detallista, paciente, creativo?
- **Animales:** ¿cuidadoso, sentido de la responsabilidad, cariñoso y fiable?
- **Excursionismo:** en forma, pero quizás aburrido.
- **Deportes de riesgo:** impulsivo, atrevido, aventurero.
- **Coleccionismo:** enfoque pasivo, no activo.
- **Videojuegos:** no dice gran cosa; ¿falta de habilidad social? ¿Bicho raro?
- **Obras benéficas:** valores, generoso, amable, honesto.

Tu año sabático también podría aparecer en la sesión. ¿Lo invertiste trabajando como voluntario en un país extranjero? ¿O te fuiste a ver mundo con tu mochila? ¿Puedes combinar las virtudes de ambas actividades? «Realicé trabajos de voluntario en Namibia y vi una parte única del mundo además de quedarme en el frente de la ayuda», o «Me fui a ver mundo, pero también aprendí mucho sobre costumbres y culturas, y pude ver de primera mano los problemas del cambio climático».

La mayoría de las preguntas **personales** como la anterior surgirán de tu currículum, no de las cuestiones generales. Prepárate para una estructura del tipo «Explíqueme más cosas sobre...»:

- Explíqueme más cosas sobre su afición por la escalada.

- Aquí dice que le gusta cantar y que incluso formó su propio grupo. Explíqueme más cosas sobre eso.
- ¿Desde cuándo le gustan las películas de terror?
- ¿Por qué le gusta exactamente el submarinismo?
- ¿Con qué frecuencia va al gimnasio?
- ¿Cuál es la última obra de teatro que ha visto? ¿Le gustó? ¿Por qué?
- ¿Qué libro está leyendo actualmente?

Respuestas a preguntas personales

Este tipo de preguntas es una invitación para hablar. Al utilizar una base para la comunicación que no guarda relación con el trabajo, es probable que el entrevistador espere ver que te relajas un poco mientras expones tus habilidades, como el entusiasmo y el compromiso. Exprésate de manera concisa pero fluida. Explica por qué te gusta tu afición e intenta relacionarla con el puesto que solicitas. Por ejemplo:

- Me gusta el submarinismo porque básicamente es un deporte en equipo. No sólo implica ejercicio físico y exploración, sino que además te ayuda a entender conceptos como la confianza y la cooperación.

Dedica unos minutos a explicar dónde y cuándo realizas tu afición. Incluye datos específicos cuando sea relevante: tus libros, obras de teatro o música favoritos. No te vayas por las ramas ni aburras al personal. Intenta hablar de una afición interesante, incluso un poco «distinta», y evita todo lo que suene a bicho raro o compulsividad: «Tengo las ediciones completas de todas las cartas de los personajes de Star Wars desde 1980».

Preguntas hipotéticas

Resultan un poco raras, pero a los entrevistadores les encantan porque consideran que revelan el funcionamiento de tus procesos de pensamiento y ofrecen datos reales sobre cómo podrías comportarte en el trabajo.

El problema de las preguntas hipotéticas es justamente ése: son hipotéticas, no reales. Lo que te piden es una opinión y una estrategia respecto a una situación irreal. Rara vez proporcionan datos fiables a los entrevistadores, ya que la mayoría de los candidatos intentan ofrecer la respuesta ideal. Por ejemplo:

- **Pregunta:** ¿cómo reaccionarías si uno de tus compañeros te gritase?
- **Respuesta realista:** le contestaría gritando, o me echaría a llorar, o llamaría a mi abogado para poner una demanda por acoso laboral. Dependería de mi estado de ánimo o de si acabase de tener una pelea con mi novia/novio.
- **Respuesta real, estratégica:** aplicaría técnicas de relajación, como la capacidad de escucha, la repetición, la reflexión y la técnica del espejo hasta que el compañero se calmase. No me lo tomaría como algo personal, pero haría todo lo posible para solucionar su problema. Entiendo que se trabaja bajo mucha presión y que los gritos son una manera de desahogarse. Lo importante sería mantener la calma y neutralizar su ira.

Lo más normal es que el entrevistador espere una respuesta que parezca ideal, pero también realista y honesta.

Habilidades de primera línea o de refuerzo

Si solicitas un trabajo de cara al público, probablemente te plantearán preguntas que pondrán a prueba tu capacidad para tratar con los clientes. Por ejemplo:

- ¿Como tratarías una queja injustificada sobre un miembro de tu equipo?
- ¿Cómo tratarías con un cliente difícil?

- Un cliente llama para decir que ha estado esperando todo el día a que le entregasen su pedido y nadie se ha presentado. ¿Qué le dirías?
- Tienes a dos clientes esperando y comienza a sonar el teléfono. ¿Cómo manejas la situación?
- Un compañero insiste en que bajes a su oficina para arreglar su portátil aunque tú sabes que puedes solucionar el problema sin moverte de tu silla. ¿Qué le dices?

Respuestas a las habilidades de primera línea
Te ponen a prueba en dos aspectos:

1. **Habilidades en procedimientos:** ¿cómo manejas el problema?
2. **Habilidad en el trato personal:** ¿cómo manejas a la persona?

Yo suelo referirme a las habilidades en procedimientos como la **respuesta física** (qué haces para resolver el problema en sí mismo), y a la parte personal de la situación como la **respuesta emocional.** Ésta se subdivide en dos partes: cómo gestionas tus propias respuestas y emociones, y cómo haces lo mismo con las del cliente.

Los procedimientos implican detalles que pueden resultar complicados si no sabes cómo maneja la empresa sus propias carteras de clientes. Por tanto, sé precavido, pero no huyas de la toma de decisiones. Por ejemplo, no conviene decir: «Le devolvería el dinero» o «Le garantizaría que tendrá el producto en sus manos el mismo día». Aunque esta última parece la respuesta ideal para tener contento al cliente, sería imposible respaldarla con la acción correspondiente. Una de las primeras normas para cuidar a los clientes es: «Nunca prometas más de lo que se puede hacer y no demores las entregas» (no prometas cosas que no están en tus manos). Por esa razón, muchas empresas evitan las palabras «prometo» y «garantizo»: ofrecer total garantía de algo sobre lo que no tienes todo el control es muy peligroso. Por ejemplo, podría ocurrir que el retraso en la entrega esté provocado por otra empresa.

No obstante, limitarse a un «Solucionaré el problema» es como escurrir el bulto. Equivale a decir «Le tranquilizaría» para describir el manejo de la parte emocional de la transacción. «¿Cómo lo harías?» sería la pregunta que, probablemente, vendría a continuación, así que es mejor que seas específico respecto a las técnicas desde el primer momento.

Tratar una queja

Tratar una queja implica una estrategia de acción en seis partes:

1. **Escuchar.**
2. **Empatizar:** es fundamental que demuestres cierta preocupación por sus sentimientos o sus palabras.
3. **Aclaramiento:** si tratas una queja, siempre es una buena idea comprobar que entiendes lo que te están diciendo antes de pasar a la fase de resolución.
4. **Resolución:** aquí asumes la parte física del problema e informas de los pasos que vas a dar para solucionarlo.
5. **Comprobación:** es importante preguntar al cliente si está de acuerdo con la solución en términos emocionales. Un cliente enfadado suele estar, además, estresado. Al comprobar si está satisfecho con los pasos que vas a dar, le devuelves la sensación de tener el control, y eso debería contribuir a aliviar parte de su ira o de sus niveles de estrés.

Nunca le digas al entrevistador que utilizarías expresiones como «Cálmese» a un cliente enfadado. Está más que comprobado que esas palabras no hacen más que enfurecer al cliente.

Otra pregunta clave de este apartado es: «Explíqueme cuál fue la última ocasión en que superó las expectativas de un cliente».

Con esta pregunta intentan hacer entender la técnica de la **superación:** asegurarse de satisfacer las expectativas del cliente y superarlas de vez en cuando para que continúe encantado con la atención recibida.

Algunas empresas tienen una política de **superación permanente,** lo que significa que ponen todo su empeño en lograr que cada transacción sea mejor que la anterior.

Otras tienen un enfoque más realista y psicológicamente más sólido: se superan las expectativas, pero no hasta el punto de que el nivel de expectativa del cliente sea imposible de gestionar y de satisfacer. Esta técnica se basa en el énfasis en los pequeños detalles: un buen saludo, conversaciones agradables, mostrarse servicial y proactivo; no limitarse a hacer todo lo posible para zanjar un problema o una queja.

Te sugiero que muestres experiencia en ambos tipos de superación de expectativas. Di a tus entrevistadores que constantemente buscas la manera de hacer más agradables las transacciones mediante actos pequeños pero importantes. Aporta también un ejemplo de alguna ocasión en la que hayas hecho todo lo posible e intenta que se vea como el resultado de tus habilidades proactivas y no tanto de una queja.

Veamos un posible ejemplo: «Vi a una cliente habitual que parecía un poco perdida en la zona de conferencias. Le pregunté si podía ayudarla y me enteré de que había olvidado reservar una sala y esperaba la llegada de un cliente importante. Dispuse una zona en recepción para que pudiese recibir al cliente y tomar un café mientras comprobaba la disponibilidad de las salas. Cuando me dijeron que no había ninguna libre, llamé a nuestra sucursal y reservé una allí. Busqué un taxi y le pedí que esperase en la entrada para llevar a mi clienta y a su acompañante. Creo que la clienta pensó que estaba recibiendo un trato especial».

Escenarios de gestión

Resulta habitual realizar preguntas hipotéticas durante una entrevista para un trabajo de gestión. En general, hacen referencia a escenarios específicos como:

- Un miembro de tu equipo parece sufrir de estrés, aunque lo niega cuando se le pregunta. Es el momento de su evaluación anual. ¿Cómo volverías a sacar el tema y qué harías si dijese que está estresado?
- ¿En qué circunstancias someterías a medidas disciplinarias a un miembro de tu equipo?
- ¿Cómo llevarías a cabo una valoración con un miembro del equipo que obtiene buenos resultados, pero que parece utilizar tácticas que otros compañeros describen como acoso?
- ¿En qué circunstancias te desharías de un empleado?
- ¿Cómo coordinarías un equipo de empleados que trabajan desde casa?

Aunque siempre está bien mostrarse flexible, te sugiero que aclares tus habilidades y tus procedimientos de gestión antes de la entrevista. Así podrás mantenerte fiel a tus valores, sean cuales sean las preguntas hipotéticas. Existen tres consideraciones u objetivos fundamentales en relación con la mayoría de estos escenarios.

Respetar las leyes del mercado: si solicitas un puesto de gestión o de liderazgo, es vital que conozcas bien las leyes laborales y cómo pueden influir en tus decisiones y tus estrategias. A pesar de que algunos programas de televisión sugieren lo contrario (el grito «¡Estás despedido!» de Alan Sugar en *El aprendiz* o las groserías de Gordon Ramsay en *Hell's Kitchen*), existen muchas razones por las que no puedes librarte sin más de los miembros de tu equipo. Debes tener conciencia de cada uno de ellos. Además, tienes que conocer al dedillo las cuestiones de salud y seguridad en el trabajo, así como los procedimientos para tratar el acoso y las medidas disciplinarias.

En conjunto, tu trabajo como jefe consiste en obtener resultados, lo que debería significar la aplicación de acciones individualizadas, evaluaciones y medidas disciplinarias para conseguir mejorar la conducta, no para criticar y refunfuñar.

Un pensamiento que debería servirte de guía es que el papel de un jefe consiste en conocer la tarea y ser capaz de comunicarla, formar al equipo y gestionar los resultados, y tratar con los individuos que forman ese equipo. Deberías poder hablar de habilidades como:

- delegación;
- priorización;
- motivación;
- escuchar y preguntar;
- comunicaciones claras y eficaces.

Son las habilidades básicas de gestión. Tanto si tienes experiencia en un puesto de ese tipo como si no, te sugiero que busques en la sección de empresa de una buena librería y te compres un par de libros actuales sobre esas habilidades. Así podrás citar algunas de manera precisa y definirlas bien durante la entrevista.

Ejemplos de preguntas sobre gestión

P *¿Cómo le diría a un empleado que no lo está haciendo bien?*

R *Tu respuesta debería incluir un resumen de tus principales objetivos, y entre éstos deberías incluir la mejora del rendimiento (que significa una evaluación detallada sobre los medios para conseguirlo). La información que brindes al empleado debería ser específica, no vaga, pero tampoco hiriente o falta de tacto, ya que podrías echar por tierra su confianza o su deseo de mejorar. Podrías optar por ayudar a ese empleado aplicando tu capacidad de* coaching *con el fin de guiarle hacia una autoevaluación eficaz, o bien podrías decir las cosas muy claras, informar de qué es lo que no funciona y debatir sobre las mejoras que se podrían introducir. También podrías sugerir cómo controlarías los resultados y evaluarías los cambios. Y qué harías si los posibles cambios no fuesen tan buenos como esperabas.*

P *¿Qué opina sobre la diversidad? ¿Cómo gestionaría un equipo diverso?*

R *Actualmente, la palabra «diversidad» tiene una gran importancia en el mundo de la empresa. La gestión de equipos diversos es el tema de numerosos cursos de formación. Como jefe deberías tener planes e ideas sobre la diversidad en el entorno laboral.*

Puntos que hay que recordar:

- Asegúrate de que tus respuestas no insinúen que la diversidad puede provocar problemas o ser un elemento negativo en el entorno laboral.
- No tengas prejuicios sobre las diferencias culturales, que casi siempre se deben a estereotipos.
- Nunca utilices los pronombres «nosotros» y «ellos».
- Comenta las ventajas de un grupo de trabajo diverso.
- Intenta aportar ejemplos de tus propias experiencias en entornos de trabajo diversos.

Liderazgo

Las preguntas hipotéticas sobre el liderazgo tienden a ser muy desafiantes, pero bastante amplias en cuanto a lo acertado o lo erróneo de las respuestas.

Lo importante es trabajar desde la experiencia o el pensamiento estratégico y no agarrarse a un clavo ardiendo. Probablemente, los entrevistadores querrán hacerte pasar por un escenario de dificultades en lugar de escuchar un par de párrafos de una respuesta. En ocasiones, las preguntas hipotéticas sobre liderazgo no tienen nada que ver con el puesto que solicitas, pero sí con las habilidades de liderazgo.

En una sesión a la que asistí hice preguntas sobre liderazgo en la escalada basándome en las experiencias de Chris Bonington, un eficaz conferenciante sobre esta habilidad. Veamos un ejemplo: en tu equipo hay seis personas. Dos de ellas creen que son las mejores y se muestran muy competitivas. Tú eres el líder. Hay dos escaladores más, no tan experimentados, pero son los más sanos y más fuertes, y un miembro con una lesión. Sólo dos terminarán el ascenso hasta la cima. ¿A quién elegirías, cómo lo harías y cómo informarías de tu decisión?

Pongamos otro ejemplo más en consonancia con el mundo laboral: te han puesto al frente de una fusión entre dos fábricas. Han sido rivales durante años, pero una empresa extranjera las ha comprado y ha decidido incluirlas en la misma marca. Ninguna quiere dialogar y ambas afirman que la otra fábrica está recibiendo un trato preferente. ¿Cómo harías que trabajasen juntas como un solo equipo y de manera eficaz?

Otra posibilidad es que te entreguen una lista de tareas que tendrás que hacer como líder y que te pidan que la repases, priorices, delegues y finalmente describas qué acciones asumirías por delante del resto.

Respuestas a preguntas sobre liderazgo

Un punto clave que hay que recordar sobre la delegación es que no es una renuncia. He visto a muchos candidatos que adjudican felizmente tareas y proyectos a empleados muy por debajo de ellos y consideran que su trabajo acaba ahí.

Cuando respondas a preguntas hipotéticas de este campo, es importante que te tomes tu tiempo. No te precipites. En una batalla, un líder tiene que tomar decisiones y actuar con rapidez, pero en los negocios puedes permitirte un poco de tiempo para valorar la situación y sopesar todas las opciones antes de plantear tu estrategia. Piensa a largo plazo y haz que los entrevistadores sepan que ese planteamiento está detrás de gran parte de tus pensamientos. También resulta útil mostrarse un poco flexible. Una «norma» de la planificación de estrategias es que siempre debes controlar los efectos de tu estrategia y considerar posibles cambios si no funciona. Una técnica estratégica sencilla, descompuesta en pequeños pasos, es la siguiente:

- mantén tu objetivo principal en mente, en primer plano;
- investiga discretamente. ¿Puedes plantear más preguntas o buscar más información antes de planificar tu estrategia?;
- observa la situación desde el punto de vista de la otra persona. ¿Cómo se siente, qué piensa? ¿Cuál es su objetivo? ¿Por qué hace lo que hace?;
- toma el control de ti mismo. El autocontrol es fundamental para tomar decisiones pausadas y objetivas;
- planifica tu estrategia;
- pruébala. ¿Cómo reaccionarías si alguien se comportase o te hablase de esa manera?;
- nunca esperes una respuesta lineal. Considera todas las reacciones posibles y adónde te pueden llevar;
- si te satisface, pasa a la acción. Recuerda el estilo o el método de comunicación más eficaz para conseguir resultados;
- escucha y observa, y si algo no funciona:
- cámbialo;
- evalúa el éxito cuando termines. ¿Qué es lo que ha funcionado exactamente de tu estrategia? Demasiados líderes continúan poniendo en práctica un número excesivo de estrategias que funcionan a pesar de sus acciones, no gracias a ellas.

Preguntas técnicas

Se basan únicamente en tus habilidades duras y ponen a prueba tu nivel de competencia. Pueden plantearte un determinado procedimiento o proceso para comprobar si sabes de qué estás hablando. Como podrás imaginar, durante la sesión de preguntas técnicas no hay espacio para los faroles. Te analizarán muy rápidamente, así que si de repente te encuentras con que has llegado al límite de tus conocimientos y te adentras en lo desconocido, es preferible decir que no sabes la respuesta (pero dejando claro que te gustaría aprenderlo todo sobre las siguientes fases) que mentir.

Si el trabajo se basa en habilidades duras, probablemente tendrás que intentar adivinar a grandes rasgos qué tipo de preguntas relevantes pueden hacerte y pensar en las respuestas antes de la entrevista. Si tus habilidades duras no parecen muy importantes respecto a los conocimientos de procesos (por ejemplo, en la TI), convendría crear un «muro» de información en una hoja de papel. Empieza con lo más básico y sube progresivamente, aumentando el nivel de dificultad en cada fila nueva.

Durante tus investigaciones anteriores a la entrevista, asegúrate de que las filas inferiores del muro no tengan ningún hueco, ya que parecerás tonto si no sabes responder a las preguntas más sencillas. Continúa tu investigación en sentido ascendente según el tiempo de que dispongas. Plantear un tema muy complejo de la fila superior cuando todavía tienes huecos en la inferior es muy arriesgado.

Si tus habilidades y tus conocimientos son sólidos, tus únicos enemigos podrían ser la ansiedad o los nervios. Lee el apartado sobre la confianza (en el capítulo 4) para facilitarte el proceso de responder bajo presión.

SÍ: habla lentamente y con claridad.

NO te preocupes por los «huecos de pensamiento».

NO mientas.

NO divagues si pierdes el rumbo.

SÍ: pide más información si la necesitas.

SÍ: aporta ejemplos breves siempre que puedas si tienes experiencia real en aquello sobre lo que te han preguntado.

Preguntas sobre pensamiento creativo

¡Éstas son divertidas! O a lo mejor no, si sientes que el cerebro se te recalienta con sólo pensar en ellas.

A muchos entrevistadores les apasionan las preguntas creativas. Creen que son más que inteligentes, geniales, y que el secreto para encontrar el empleado ideal consiste en confundirlo con su ingenio

233

al tiempo que demuestran lo estupenda y «superguay» que es la empresa para la que podría trabajar, pero sólo si sabe cómo desplazar los Andes al centro de Ucrania.

Ejemplos de preguntas creativas:

- ■ ¿Cuánto pesa un campo de fútbol?
- ■ ¿Cuántas veces se superponen las manecillas de un reloj a lo largo de un día?
- ■ ¿Cuántos usos se te ocurren para un clip?
- ■ ¿Para cuántas cosas no sirve un clip?

Respuestas a preguntas de pensamiento creativo

Como puedes imaginar, sería imposible dedicar un libro a las respuestas para cada tipo de pregunta porque la tarea es ilimitada. Lo máximo que puedes hacer es:

NO te muestres sorprendido, perturbado o irritado si te hacen una pregunta que parece descabellada. Si al entrevistador le encanta este tipo de preguntas, es importante que a ti también. Se trata de una cultura de empresa que valora el pensamiento creativo, y la falta de disposición para con el «juego» podría ir en tu contra.

SÍ: demuestra que estás pensando la respuesta en lugar de quedarte perplejo. Para la pregunta del campo de fútbol, deberías encontrar una técnica que permita pesar una franja de césped y multiplicar el resultado para calcular el peso del terreno, y sumar después el peso de los postes. No respondas nunca que no sabes la respuesta o que es imposible dar en el clavo. A las empresas les encanta la actitud del **todo es posible,** ya que significa que te gusta resolver los problemas y evitas quedarte atascado. Si al menos demuestras que lo intentas, deberías ilustrar el hecho de que ésa es tu actitud.

Sí: no pierdas de vista los objetivos y la cultura de la empresa. Si no sabes una respuesta, haz saber a los entrevistadores que:

- **No tiras la toalla:** piensa e insiste en encontrar una solución hasta que te digan que lo dejes.
- **Eres creativo:** aporta un comentario que lo demuestre. Es posible que estén más interesados en tus procesos de pensamiento que en la validez de tu respuesta.
- **Eres lógico:** el comentario que aportes debe ser lógico y práctico.
- **Eres capaz de pensar a lo grande:** las respuestas a preguntas de este tipo no suelen ser sencillas. Si la respuesta que vayas a dar te parece engañosamente sencilla, piénsatela mejor antes de responder.

Preguntas de definiciones

Son engañosamente fáciles, pero rara vez están pensadas para descubrir la profundidad de tus pensamientos y tus valores, y entender el papel que hay que desempeñar en el puesto que solicitas. Estas preguntas parecen muy concluyentes porque te darás cuenta de que tu definición de «liderazgo», por ejemplo, puede ser muy distinta a la suya.

La cuestión es: ¿en qué medida quieres ser flexible? Si los entrevistadores manifiestan su desacuerdo, podría ser arriesgado cambiar tu respuesta una vez expresada. Tal vez tu idea del liderazgo tenga que ver con un comportamiento cálido, agradable y motivador, y te des cuenta de que la suya es más del tipo Gordon Ramsay. Si modificas tus opiniones en mitad de la entrevista, vas a parecer indeciso. Probablemente, es mejor explicar bien por qué crees que ésa es la manera adecuada de liderar y cómo te ha ido hasta la fecha.

Ejemplos de preguntas de definiciones

P *¿Cuál es la diferencia entre un jefe y un líder?*
R *Deberías llevar preparada una gran respuesta, y tendrá que ser más específica que «Uno manda y el otro guía».*

Un jefe tiende a gestionar tareas y equipos, pero un líder debe ser motivador, carismático y capaz de convertir su visión en realidad. Los líderes son estrategas, pero existen diferentes tipos de líderes con diferentes tipos de carisma y de estrategias. Un líder puede situarse al frente o ir detrás, motivando y dando apoyo a su equipo. Antes de asistir a la entrevista, tómate tu tiempo para estudiar y analizar los diferentes tipos de liderazgo: desde los líderes en tiempos de guerra como Churchill hasta políticos, deportistas y empresarios actuales. Selecciona sus atributos más destacados y ensaya tu respuesta a esta pregunta tan importante.

Un reciente estudio sobre liderazgo reveló que tres de los elementos que los empleados buscan más en un buen líder son:

- confianza;
- reconocimiento;
- trato justo.

Piensa qué pasos darías si asumieras un papel de líder para crear confianza en tu equipo.

A continuación, piensa cómo aportarías un buen nivel de reconocimiento. Recuerda que es necesario repartir el reconocimiento de forma honesta. Alabar en exceso a un equipo por un rendimiento bajo no funcionará, pero si eres consciente de que su esfuerzo ha sido enorme a pesar de lo poco brillante que es el resultado, es importante que les hagas saber que tienes en cuenta ese esfuerzo.

Piensa cómo expresarías esos niveles de reconocimiento. ¿Un correo electrónico general con un «¡Bien hecho!»? ¿O un enfoque más personalizado, demostrando comprensión y hablando con todo el personal para asegurarte de que ofreces elogios sinceros e individuales como es debido?

¿Y qué hay del trato justo? ¿Cómo crearías un entorno en el que reine la imparcialidad? Recuerda que la ecuanimidad suele juzgarse a nivel individual, no global. Una gran empresa para la que trabajé ofrecía unos sueldos bajos, pero los empleados no demostraron tener ningún problema con eso hasta el día en que se envió por correo electrónico, y por error, una lista con todos los sueldos de la empresa y se descubrió que algunos empleados cobraban más que otros. Los sueldos en conjunto nunca habían causado problemas, pero la injusticia que representa el hecho de que alguien se lleve unos euros más a casa estuvo a punto de provocar un altercado.

P *Define qué es un cliente.*

R *La mayoría de las empresas hablan de clientes internos y externos, de manera que el término ya no se aplica a la persona que compra productos a tu empresa. En muchos negocios incluso los colegas se consideran clientes. Por tanto, sería prudente sugerir que un cliente es aquel al que se le ofrece un servicio, tanto interno como externo, y al que es preciso tratar en cualquiera de los dos casos con los mismos niveles de atención.*

P *¿Cómo definirías un equipo?*

R *Recuerda que un equipo puede ser permanente o temporal. Los objetivos comunes son uno de los factores definitorios. Los equipos tienen que ser flexibles. Piensa en los futbolistas extranjeros.*

Preguntas para presionar

Éstas me gustan bastante, y tú deberías opinar lo mismo. No tienen nada que ver con las preguntas hipotéticas; las que forman este grupo tienden a recrear una visión muy aproximada de tu posible comportamiento bajo presión o en situaciones difíciles.

Es muy probable que en la entrevista te hagan preguntas de este tipo, así que no deberían pillarte por sorpresa. En algunos casos incluso pueden adoptar el formato de un minijuego de rol. Veamos el tipo de escenario al que me refiero.

Escenario de la pregunta: le has dicho a los entrevistadores que se te da muy bien manejar los conflictos o a las personas difíciles. La entrevista prosigue y, de repente, te preguntan cuál es tu deporte favorito. Les dices que eres seguidor del Arsenal y uno de los entrevistadores te tacha de mentiroso. Han visto en tu currículum que eres seguidor del Millwall y que dices que eres del Arsenal sólo para hacerle la pelota al jefe.

O alguien se muestra en desacuerdo con una de tus opiniones sobre el papel de líder.

O has escrito en tu currículum que se te da bien pensar sobre la marcha. Un entrevistador te deja un momento solo en la oficina y el teléfono suena o entra alguien apresuradamente diciendo que necesita hablar urgentemente con el entrevistador.

Es posible que estés comiendo en el restaurante de la empresa y que de repente alguien se siente en tu mesa y empiece a criticarte por haber elegido ese bocadillo...

Respuestas a las preguntas para presionar

El objetivo de esos escenarios o preguntas consiste en desafiar lo que tú mismo has afirmado anteriormente acerca de tus habilidades. ¡No te dejes pillar por sorpresa! He perdido la cuenta de los candidatos que dicen que son buenos improvisando o trabajando bajo presión, y después se dejan llevar por el pánico o se quedan inmóviles cuando suena un teléfono, o pierden los nervios cuando se les desafía, o son incapaces de tratar con alguien que se muestra «difícil».

Mantente alerta ante estas preguntas «trampa» y recuerda que lo que se pone a prueba son tu enfoque y tu comportamiento, no tus opiniones. No pierdas de vista las habilidades de conducta que se exigen para el puesto y asegúrate de exhibirlas. Permanece tranquilo, imperturbable y correcto, y busca maneras de pasar a la acción si alguien te pide ayuda. Si has «vendido» tu capacidad para actuar por propia iniciativa, es el momento de demostrarlo.

El siguiente tipo de preguntas brinda otra manera de comprobar las habilidades prácticas en directo.

P *¿Podrías venderme ese bolígrafo que tienes delante?*

R *La demostración de capacidad de ventas requiere un enfoque convencido, así que no muestres signos de extrañeza, sorpresa o vergüenza.*

Toma el bolígrafo y estúdialo. A continuación, haz algunas preguntas al entrevistador antes de comenzar tu charla. Un buen vendedor se centra en los **beneficios,** no en las **características** (quiero decir que no sirve de nada decirle al cliente que el bolígrafo es pequeño y compacto, que tiene una vistosa tinta verde y que escribe debajo del agua, a menos que sepas que es un duende submarinista). Si enumeras las cosas que puede hacer el bolígrafo, sólo estarás mencionando las **características.** Y esta información puede ser irrelevante (o, peor aún, provocar rechazo) para el cliente. Unas cuantas preguntas rápidas sobre los usos que el entrevistador le da a un bolígrafo deberían permitirte vendérselo mediante la enumeración de sus **beneficios.**

Otro tipo de pregunta de presión es la pregunta **inductiva.** Significa que te inducen o incluso te manipulan con la premisa del entrevistador a pesar de que en circunstancias normales no lo harías. Sé que la expresión «Mantén las orejas abiertas» suena graciosa, pero es justamente lo que tienes que hacer para salir airoso de estas situaciones. Las preguntas de este tipo pueden estar formuladas deliberadamente para llegar a un acuerdo precipitado, pero puede tratarse de una trampa del entrevistador para intentar hacerte decir algo que es abiertamente erróneo. El tono suele ser afable, y antes de que te des cuenta te habrán convencido para que no aceptes el trabajo. Las preguntas de este tipo deberían hacer sonar las alarmas; planifica tu respuesta, no te limites a asentir porque sí.

P *No espero que sepa por qué ha elegido exactamente esta empresa. ¿Lo sabe? Probablemente no sea más que otro nombre en su lista.*

R *Explícales exactamente por qué quieres el puesto: por ejemplo, sientes admiración por la empresa y/o sus productos o servicios. Añade que tus habilidades y competencias encajan a la perfección en los requisitos para el puesto.*

P *Describa las mayores pifias de su vida hasta la fecha.*

R *No caigas en la tentación de confesar tus peores desastres sólo para divertirles o por ser «abierto y honesto». Utiliza un ejemplo de un reto al que te hayas enfrentado (que no hayas provocado tú) y cómo lograste salir de él. Quieren saber de tu capacidad para aprender de los contratiempos y recuperarte.*

P *Espero que planifique mejor las cosas para el futuro. Apuesto a que en un par de años tendrá un negocio que irá sobre ruedas, ¿verdad?*

R *Probablemente, intentan averiguar si vas a marcharte al cabo de unos meses y te vas a llevar a todos sus clientes. Hazles saber que el puesto que solicitas y la empresa en sí misma satisfarán todas tus aspiraciones y necesidades laborales.*

P *No le importa que le pregunte por sus planes de formar una familia, ¿verdad?*

R *Es fácil responder con un «no» para ser educado, pero recuerda que tienes derechos. No tienes por qué responder a preguntas sobre tu vida privada si crees que van a perjudicar el resultado de la entrevista.*

P *Espero que a su edad le queden muchas ganas de divertirse antes de entrar en la rueda de los horarios maratonianos.*

R *Es más que posible que te estén preguntando si eres un gran aficionado a los excesos alcohólicos. No intentes impresionarles con relatos de tus fiestas. Hazles saber que te gusta la diversión, pero que no permites que tenga un efecto negativo en tu carrera.*

P *Probablemente, esto no es lo que le gustaría estar haciendo, ¿verdad? Explíqueme sus grandes planes.*

R *Esta pregunta puede implicar que el entrevistador excusa el hecho de que el puesto sólo es un «relleno», pero también podría estar comprobando tu compromiso o la falta de él. Si quieres el puesto, asegúrate de que tus «grandes planes» guarden relación con él.*

P *Seguro que nuestros productos no le gustan demasiado, ¿verdad?*

R *Pon verdes sus productos con un tono amigable y nunca te ofrecerán el trabajo. Deja el sarcasmo para ellos. Sonríe con educación, pero nunca asientas.*

La respuesta ideal consiste en ignorar las palabras capciosas y mantenerte en tus trece. Si esas preguntas se plantean de manera normal («¿Qué piensa de nuestros productos?»; «¿Ha cometido grandes errores en su vida?»), estarás alerta y podrás ofrecer respuestas más adecuadas. No te limites a mostrar conformidad sólo porque crees que es lo que quieren escuchar.

Preguntas sobre actitud y personalidad

De todos los tipos de preguntas, éstas son las que definiríamos como «básicas». Abarcan desde las más habituales («¿Por qué quiere este trabajo?»; «Hábleme de usted») hasta las «tramposas» («¿Cómo le describiría su peor enemigo?»).

P *Hábleme de usted.*

R *Esta pregunta resulta engañosamente difícil porque es muy abierta. ¿Qué quieren saber? ¿Cómo debe ser de larga la respuesta? El primer paso consiste en no parecer avergonzado. Nunca suel-*

tes comentarios supuestamente graciosos del tipo «¿Cuánto tiempo tenemos?». Piensa en lo que puede resultar interesante o relevante para el entrevistador. En muchos aspectos, se trata de entregar un «minicurrículum», pero con unos toques humanos. Sé conciso, locuaz, agradable y positivo.

P *¿Por qué quiere este trabajo?*

R *Es fundamental que transmitas la sensación de que conoces la respuesta. Jamás te encojas de hombros ni des una respuesta imprecisa. Explica por qué te gusta o admiras la empresa y cómo encajan tus capacidades con el puesto. He escuchado la palabra* **reto** *en boca de muchos candidatos («Lo considero un reto»). Piensa bien la respuesta. ¿Le darías el trabajo a alguien que sabe que puede hacerlo o a alguien para quien supone «un reto»? Yo me quedaría con la gente que prefiere vivir aventuras en su tiempo libre.*

SÍ: explica qué puedes aportar al puesto y a la empresa.

NO des una lista de 101 razones por las que disfrutarás del trabajo o te pondrá a prueba.

P *¿Qué sabe sobre nuestra empresa?*

R *No dudes de que con esta pregunta pretenden juzgar tu compromiso, tu entusiasmo y tu interés. Aquí entra en juego tu investigación sobre la empresa. Demuestra que la conoces bien, pero escucha con atención cuando ellos te aporten más datos.*

P *¿Qué puede aportar a este trabajo? o ¿Por qué deberíamos ofrecerle el puesto?*

R *Aquí conviene mostrar entusiasmo: por ejemplo, «Porque lo quiero realmente» o «Porque prometo que no lo lamentarán», pero aporta hechos y pruebas. Asegúrate de mencionar que tus habilidades encajan con el puesto y demuestra qué puedes ofrecer a la empresa.*

P *Si consiguiese el puesto, ¿qué haría para mejorar las cosas?*

R *No dudes de que esta pregunta es una patata caliente. Te están pidiendo que critiques a la empresa. No des por sentado que piensan que algo va mal, y sí que lo que critiques podría ser una idea original de la persona que tienes delante. Intenta ser constructivo: «Veo que las cifras de ventas en el equipo de publicidad son buenas, pero yo intentaría duplicarlas a lo largo del próximo año», o «Me gusta cómo se utilizan las reuniones en equipo para motivar e informar al personal. Yo recomendaría que se celebrasen encuentros diarios para mantener ese dinamismo y mejorar todavía más los resultados».*

P *¿Cuáles son sus puntos fuertes?*

R *No seas modesto, es una pregunta práctica y debes dar una respuesta abierta y sincera. Asegúrate de mencionar puntos fuertes que sean relevantes para el puesto. Dudo de que parezcas arrogante, pero evita las hipérboles del tipo «Soy el mejor comercial de España».*

Recuerda una vez más la frase mágica: demuéstralo, no lo digas.

Cada afirmación que hagas sobre ti y tus puntos fuertes debe ir acompañada de un ejemplo o prueba. Nunca te limites a dar opiniones. Y no ofrezcas visiones vagas del tipo «Todo el mundo piensa que soy bueno en...» o la terrible «Mi madre siempre dice que soy muy bueno en...».

P *¿Cuáles son sus mayores logros?*

R *Ya sabrás la respuesta gracias a la preparación que te brinda el capítulo 4. Asegúrate de incluir algunos logros vitales entre los laborales, y añade también logros recientes en el trabajo. No te quedes en los esfuerzos que realizaste en el colegio. Además, ésta es tu oportunidad de explicar algún episodio en el que superaste una adversidad.*

P *Explíqueme cuáles son sus puntos débiles, o ¿Cómo le describirían sus enemigos?*

R *Éste es el momento en el que los candidatos suelen relajarse, apoyan la espalda en la silla y parecen disfrutar enumerando una lista de todos sus defectos. Hay quien se siente más cómodo dedicándose críticas en lugar de alabanzas, pero tú no lo hagas. He comprobado que en esta fase muchos candidatos se autoeliminan por creer que la honestidad es la cualidad fundamental que se busca con esta pregunta.*

Sería un error afirmar que no tienes defectos. Esta pregunta necesita planificación y la creación de una estrategia. No vas a revelar que tienes tan mal genio como un estibador con dolor de cabeza o que siempre llegas tarde. Si vas a hablar de defectos, convendría que intentases que resultasen potencialmente útiles: por ejemplo, «A veces soy un poco pesado con el trabajo», «Me han dicho que soy demasiado minucioso. Cuando me pongo con un trabajo, me gusta seguirlo hasta el final».

P *¿Qué hará si no consigue el puesto?*

R *En muchos aspectos, tratan de juzgar tu grado de interés en la compañía. No esperan oír que te rendirás y entrarás en declive. Probablemente, con esta pregunta lo mejor es ser conciso: «Continuaré buscando, pero ésta es mi primera opción».*

La pregunta cobra más emoción si el puesto que solicitas es de promoción interna. Debes planificar muy bien la respuesta. Cuando es otro el que consigue el ascenso, pueden surgir relaciones difíciles o resentimientos. ¿Abandonarás o probarás suerte en otra empresa? ¿Podrías trabajar a las órdenes del otro candidato? No te tomes esta pregunta a la ligera (no te rías ni digas que no supone ningún problema). Podrías hacerles saber que ese ascenso significa mucho para ti, pero que trabajarás en el equipo que te asignen si no lo consigues.

P *¿Acepta bien las críticas?*

R *No es necesario que parezca que las aceptas con cada poro de tu piel, pero debes comentar que las críticas son algo que los individuos y las empresas deben fomentar si quieren mejorar. (Prepárate para recibir alguna crítica en una fase posterior de la entrevista. Se trata de poner a prueba tu honestidad.)*

P *¿Es una persona flexible? ¿Está dispuesto a trabajar muchas horas/un traslado/viajar?*

R *La mayoría de las carreras exigen flexibilidad, pero en esta pregunta existe el peligro de que te excedas con la respuesta. ¿Puedes trabajar hasta tarde? ¿Podrías trasladarte a otra ciudad o a otro país? Sé asertivo. Puedes demostrar que esperas un horario flexible, tener que trabajar hasta muy tarde cuando sea necesario, y que estás preparado para negociar un traslado o viajar, aunque, por bien que esté mostrarse flexible, ten cuidado para no pasarte con tus compromisos.*

P *¿Es ambicioso? ¿Dónde se ve dentro de cinco años?*

R *Esta pregunta puede llevarte a hablar mal del trabajo. No todos los entrevistadores son Alan Sugar buscando a su aprendiz. Algunos trabajos requieren ambición, pero otros no. Cuando investigues los requisitos del puesto, antes de la entrevista, conviene valorar si se trata de un trabajo «ambicioso» o no. Si buscan a alguien estable que proporcione apoyo constante o capacidades en un puesto, tal vez no les guste oír que quieres «poseer esta empresa dentro de cinco años» o «quedarte con su puesto».*

Si, en cambio, compruebas que hay luz verde, puedes responder algo así: «Sí, soy dinámico y me gusta tener éxito, tanto en lo personal como en lo profesional».

Evita: «Sí, tengo pensado establecer mi propio negocio en un par de años», ya que eso indica que vas a aprender las habilidades y después intentarás llevarte a los clientes o convertirte en la competencia. ¡Y eso es más que impertinente!

P *¿Por qué dejó su anterior trabajo? ¿Por qué quiere dejar su actual trabajo?*

R *Recuerda que es probable que estén de parte de tu anterior jefe o del actual; por tanto, evita las críticas y nunca reveles secretos internos. Cualquier cosa que les digas la aplicarán a su propia empresa, así que es importante ser honesto pero también proceder con tacto. Incluso las referencias de pasada («Fue por un choque de personalidades») sonarán sospechosas. Podrían pensar que eres problemático.*

P *¿Cómo se toma los contratiempos o los fracasos?*

R *Evita la hipérbole obvia («Yo nunca fracaso»). Explica que para ti el fracaso es no intentarlo o rendirse, y que si algo no funciona, aprendes de lo ocurrido y sigues adelante. Pon como ejemplo alguna experiencia del pasado.*

P *¿Por qué ha decidido dar un giro a su carrera/volver a trabajar?*

R *Céntrate en los aspectos positivos. Las respuestas del tipo «Me aburría» o «Sentía que no se aprovechaba todo mi potencial/ que estaba perdiendo el tiempo» no impresionarán a nadie ni te harán ganarte sus simpatías. Busca maneras de mostrar cómo estás empleando muchas de tus habilidades y que deseas aplicarlas todavía más o llevarlas en otra dirección.*

Preguntas sobre la experiencia

Su finalidad es descubrir tu experiencia relevante con respecto al puesto que se ofrece. Pueden preguntarte más cosas sobre tus habilidades o pedirte más detalles sobre tu experiencia laboral.

Respuestas a las preguntas sobre la experiencia

Las pruebas sobre tu experiencia no tienen que estar basadas exclusivamente en el trabajo. Si regresas al mercado laboral después de un tiempo sin trabajar, puedes relacionar las habilidades y talentos laborales con habilidades que hayas aplicado en el cuidado de la familia o de alguna persona dependiente. Si acabas de salir de la universidad, deberías relacionar esa experiencia con el trabajo. Veamos algunas habilidades transversales.

- **Fomento del espíritu de equipo:** criar a los hijos, organizar actos sociales, dirigir un equipo deportivo.
- **Delegar:** implicar a los miembros de la familia en las tareas domésticas, organizar y dirigir alojamiento para estudiantes, organizar una revista o un proyecto escolar.
- **Motivación:** asociaciones de debate en el colegio, motivar a tus hijos.
- **Liderazgo:** gestionar proyectos sociales, organizar vacaciones.
- **Gestión de proyectos:** cambiar de domicilio.
- **Ventas:** trabajo en una tienda a tiempo parcial.
- **Persuadir e influir:** los niños pueden ser los destinatarios más difíciles de estas acciones. Si has formado una familia, debes analizar tu capacidad de persuasión.
- **Capacidad de comunicación:** piensa en todas las maneras de comunicarte que utilizas y en las habilidades que aplicas para hacerlo con eficacia.

Preguntas de comprobación

¿Hay lagunas en tu currículum o en tu historial laboral? ¿Tus cualificaciones, tu experiencia laboral o tus habilidades se quedan cortas con respecto a los requisitos del puesto? Un buen entrevistador abordará estas cuestiones, así que prepárate para afrontarlas.

Respuestas a las preguntas de comprobación
No te muestres evasivo o a la defensiva y alégrate de que te planteen este tipo de preguntas porque te brindan la oportunidad de explicarte. El hecho de que todavía te tengan en cuenta para el puesto significa que no representan una amenaza.

P *Explíqueme esta laguna de seis meses en su currículum.*

R *Trata de ser sincero, pero no des a entender que podías permitirte no trabajar. Si perdiste tu trabajo y no conseguiste otro a pesar de buscar como un loco, probablemente sea mejor exponer tu diligencia o determinación que sugerir que sólo te tomaste «un tiempo de descanso».*

P *He observado que no sabe idiomas.*

R *Responde con un tono optimista: «No, pero estoy deseando empezar algún curso por las tardes si consigo este trabajo».*

La tendencia actual entre los jefes consiste en considerar prioritariamente a la persona y sus habilidades blandas (es decir, en encontrar a la persona adecuada y después formarla para desempeñar el trabajo).

Históricamente no ha sido así, sino al contrario: los jefes contrataban a los candidatos con las cualificaciones y las habilidades deseadas, y después intentaban formarlos en campos como atención al cliente y comunicación. Yo creo que es más difícil formar en habilidades blandas porque en muchos casos se trabaja con personas que necesitan un cambio radical de personalidad para cumplir con los requisitos adecuados. Convertir a un sociópata en una «persona sociable» constituye un objetivo mucho más difícil que enseñar a alguien con buenas habilidades sociales y de comunicación a trabajar en equipo o a adquirir más conocimientos técnicos.

Preguntas, preguntas

Lo habitual es que los entrevistadores te inviten a plantear preguntas, ya sea al final de la entrevista o durante la misma. La mayoría de los entrevistadores dirigen esas preguntas realizando pausas en determinadas etapas de la sesión para comprobar si quieres preguntar algo, o bien te hacen saber con antelación que habrá una sesión de preguntas y respuestas al final de la reunión.

SÍ: haz preguntas, ya que así te muestras participativo e interesado.

NO continúes preguntando a menos que te inviten a hacerlo. Nunca interrumpas para formular una pregunta.

NO hagas preguntas sobre el sueldo, las vacaciones o el horario. Es una información que deberías conocer, pero te harán quedar como un mercenario. Es mejor que lo averigües antes de asistir a la entrevista.

SÍ: haz que tus preguntas sugieran que estás impaciente por empezar a trabajar. Por ejemplo: «¿Cuántos de estos proyectos podemos gestionar en un año?».

SÍ: pregunta sobre la formación a cargo de la empresa.

SÍ: pregunta cuánto tardarán en elegir al candidato y cómo te informarán.

NO des la impresión de presionar a los entrevistadores y no insinúes que tienes varias ofertas que debes considerar por delante de la suya.

NO pidas que valoren inmediatamente y en tu presencia tu intervención o tus posibilidades de conseguir el puesto.

SÍ: recuerda que las preguntas que plantees implican el riesgo de sugerir el final de las negociaciones, a menos que las formules en positivo. Si preguntas «¿Tendré que viajar?», podrías dar a entender que no quieres hacerlo, pero si lo cambias por un «El puesto exige viajar, ¿verdad?», parecerás mucho más dispuesto.

Pactos

En términos reales existen dos tipos de información que tendrás que aprender sobre cualquier trabajo: son los **pactos** o los acuerdos laborales.

1. **Escritos y consensuados:** términos del contrato de trabajo como el sueldo, la definición del puesto, la ubicación.

2. **No escritos y reales:** lo que realmente tienes que hacer; a quién tienes que hacer la pelota; quién tiene el poder; cuánto tienes que esforzarte; qué considera la compañía que es una conducta de éxito.

Estas listas deberían dejar claro que aunque son las preguntas auténticas que tendrás que responder, no está en tu mano descubrir las reglas no escritas hasta que empieces a trabajar. No obstante, debes conocer bien las cláusulas (como mínimo, el salario y las condiciones) antes de asistir a la entrevista. Piensa en las preguntas de la entrevista como si fuesen una seudocosmética, es decir, pregunta lo que crees que impresionará a los entrevistadores y no lo que deseas saber realmente.

Manejar las preguntas «ilegales»

Son las que no deberían plantearte y que expondrían a la empresa a una demanda. Principalmente se trata de preguntas que se pueden calificar con un adjetivo terminado en -ista (sexistas, racistas) o discriminatorias por razones de edad.

Las preguntas «ilegales» más frecuentes son:

- ¿Tiene hijos?
- ¿Está casado/comprometido?
- ¿Tiene intención de formar una familia?

Existen razones muy sólidas por las que preguntas como las anteriores se han eliminado de las entrevistas. Pueden implicar prejuicios porque son irrelevantes, y podrían sugerir una tendencia a pensar que una mujer tiene menos probabilidades de conseguir el trabajo porque solicitará bajas para ser madre, mientras que a los hombres se les presupone más constantes si tienen familia. En cualquier caso, es una pregunta que **no tienes que responder.** Según la legislación europea, los entrevistadores sólo pueden plantear preguntas relacionadas con el puesto que se ofrece.

Las preguntas **basadas en la edad** también son irrelevantes, ya que no se permite discriminar a nadie por razones de edad. Lo mismo se aplica a los candidatos **discapacitados:** no se puede presuponer qué son capaces de hacer y qué no en un puesto de trabajo. También está prohibido el **racismo;** la raza no puede influir en la entrevista y en el proceso de selección.

La mayoría de los entrevistadores competentes conocen todas las restricciones y plantean las mismas preguntas a todos los candidatos para garantizar un proceso justo e imparcial. También están al tanto de las reglas acerca de las preguntas sobre familia y matrimonio. Esas leyes están en vigor desde hace años y a estas alturas todo el mundo debería conocerlas.

A pesar de todo, se siguen planteando preguntas como éstas con demasiada (y penosa) frecuencia. Algunos jefes incluso se enorgullecen de saltarse las leyes a su antojo e insisten en que no hay nada de malo en preguntar por las perspectivas de matrimonio o de tener hijos.

La cuestión es que no tienes que responder a esas preguntas.

Y el problema es: ¿cómo te niegas a responder? Ser asertivo está bien, y no deberías sentirte presionado, sino seguro. Si una empresa se empeña en plantearlas, podría ocurrir (con mucha razón) que pierdas las ganas de trabajar para ellos.

Sin embargo, con derechos o sin ellos, puede resultar difícil (es comprensible) hacerte valer en una situación tan tensa como una entrevista, sobre todo si sigues queriendo el puesto. Lo mejor que puedes hacer es aplicar las tres fases clásicas de una respuesta asertiva:

- Mostrar empatía en lugar de desencadenar un conflicto.
- Expresar tus sentimientos o tu opinión al respecto.
- Estar preparado para escuchar y negociar si vale la pena.

En un diálogo quedaría más o menos así:

- Entiendo que las preguntas sobre el matrimonio y los hijos obedecen más a un interés sincero que a unos prejuicios, pero...

- Espero que sepa que no tengo que responder y que prefiero no hacerlo.
- ¿Podría explicarle/darle más detalles sobre mi historial laboral en lugar de responder a esa pregunta?

EN RESUMEN

- Haz los deberes: averigua todo lo que puedas sobre la empresa y sus productos o servicios.
- Reestructura tus habilidades; prioriza los puntos fuertes que encajen con el puesto.
- Busca pistas sobre las cualidades que valoran en los requisitos del puesto.
- Prepárate para aportar pruebas sobre tus habilidades y talentos; no ofrezcas sólo tu opinión.
- Planifica y aporta historias y ejemplos.
- Trabaja en tus aficiones y tus intereses para enriquecer tus talentos.

12 Y DESPUÉS, ¿QUÉ?

Qué hacer después de la entrevista

En este capítulo aprenderás a aumentar tus posibilidades cuando termines la entrevista:

- escribiendo una carta de agradecimiento;
- llamando por teléfono para preguntar si hay alguna oferta;
- continuando la búsqueda si no te ofrecen el puesto;
- aplicando técnicas útiles de autoevaluación y pidiendo información sobre tu intervención.

Salir de las entrevistas

Tal vez pienses que el trabajo duro y el esfuerzo se terminan cuando sales de la entrevista, y que lo único que te falta es suspirar aliviado y sentarte a esperar con los dedos cruzados.

«Quien se atreve, gana»: éste va a ser tu lema (tomado de los Cuerpos Especiales del Ejército, lo sé, pero si se trata de tomar prestado un lema, «a quien se atreve, no le importa»). Por tanto, vas a adoptar un papel más proactivo en los siguientes días y semanas.

Durante la entrevista deberían decirte cómo y cuándo te informarán de su decisión. Si no es así, espero que hayas preguntado. Veamos algunos pasos que puedes considerar durante y después de esta fase de espera.

Inmediatamente después de salir de la entrevista, toma nota de los nombres de los entrevistadores y de los pasos que, según te han dicho, deberías dar a partir de ese momento. Hazlo mientras tengas fresca la información. Además, tómate un momento para recapacitar sobre todo lo que ha ocurrido. ¿Qué has aprendido? ¿Qué has hecho bien? ¿Qué deberías cambiar? ¿Cómo puedes cambiarlo?

Envía una carta manuscrita o un correo electrónico de agradecimiento por recibirte y añade que tienes muchas ganas de empezar a trabajar para ellos. Es posible que se vean desbordados porque muchos candidatos hagan lo mismo, pero ¿sabes una cosa?: podrías ser el único, y eso inclinaría la balanza a tu favor. Sé de al menos dos entrevistadores profesionales que afirman que ese gesto fue decisivo en una ocasión en que sopesaban a dos candidatos y no sabían por cuál decidirse.

Asegúrate de escribir bien sus nombres.

Si la entrevista la ha organizado una agencia, deberías consultar antes de contactar con su cliente. Es una cuestión de educación. No olvides darles las gracias por enviarte a la entrevista. Llamar a la agencia después de la entrevista para informarles de tu experiencia y agradecer su intervención es una buena idea. Te hará parecer más profesional y más serio en lo que a la búsqueda de trabajo se refiere.

Además, así confirmas que has asistido a la entrevista. Te sorprendería saber cuántos candidatos no se molestan en aparecer. Las agencias aprecian a los candidatos responsables.

Si se produce un retraso demasiado prolongado y no tienes noticias de la empresa, llama para preguntar si han tomado una decisión. Debes mostrarte interesado y correcto, no desesperado, estresado o preocupado. Podría ocurrir que no contacten con los candidatos rechazados, y tú no quieres pasarte la vida esperando.

Si te ofrecen el puesto, te explicarán los siguientes pasos. Si esperas otras posibles ofertas antes de comprometerte, o si necesitas tiempo para decidirte después de ver la empresa y de informarte sobre el trabajo, da las gracias y di que esperas recibir una oferta formal.

Si no te ofrecen el puesto, conviene que te acerques a la empresa para preguntar en qué has fallado exactamente. Es una práctica habitual, no te sientas incómodo por eso. La información que te aporten podría no ser del todo honesta (muchas empresas recurren a las notas tomadas durante el proceso de selección pero evitan los comentarios menos amables), pero te será muy útil para mejorar en las próximas entrevistas. Llama a la compañía y pregunta por el departamento de Recursos Humanos o por la persona que te ha entrevistado. Aporta tus datos (incluyendo cuándo te entrevistaron, a qué hora; podrían tener varias entrevistas en un día) y pide que te informen sobre tu intervención.

Digiere lo que te digan en lugar de discutir o de ignorarlo. En el capítulo 5 menciono la teoría freudiana de la autoprotección, y aunque el estado de negación puede ser bueno para el ego, no sirve de ayuda en el caso de las técnicas prácticas para superar las entrevistas. Las debilidades de una empresa podrían ser los puntos fuertes de otra. Es posible que alguna compañía te considere el mejor invento desde el pan de molde aunque tú no hayas introducido ningún cambio. El conocimiento siempre es poder, y gran parte del éxito en tus entrevistas se deberá a la percepción y a la presentación. Por tanto, aprende de la información que te den sobre tu intervención y realiza los cambios necesarios.

Antes de entrar en negociaciones sobre el salario espera a que te ofrezcan el puesto.

Los anuncios de trabajo suelen incluir una mención al sueldo. Busca el más alto posible, a menos que te falte cualificación y tengas que «crecer» en el puesto. Si el salario es «aproximado», significa que queda margen para la negociación. Añade un 12 % y comprueba cómo reaccionan.

Si la entrevista la ha organizado una agencia, no está permitido negociar los salarios directamente con el cliente.

Considera las variables. Cuando leas la oferta de trabajo, deberías encontrar elementos alternativos que casi siempre están abiertos a la negociación (igual que el salario). Entre esos elementos pueden figurar: comisiones, horas extras, bonos, seguro sanitario, pensión, vacaciones, gastos o coche de empresa. Si no aumentan el salario, tal vez puedas negociar unas condiciones laborales más favorables.

EN RESUMEN

- Redacta notas para uso propio en cuanto salgas de la entrevista, antes de que olvides lo que te han dicho.
- Envía siempre una carta de agradecimiento.
- Digiere la información sobre tu intervención si no te ofrecen el puesto. Puede servirte para aprender y mejorar.

13 PROBLEMAS Y POSIBLES SOLUCIONES

Aunque todos los problemas se tratan a fondo en el libro, también hay momentos en los que no será posible una lectura concienzuda y unos consejos «de emergencia» resultarán de utilidad. Yo soy alérgica a los manuales técnicos y tiendo a pasar directamente a la sección de resolución de problemas cuando no me funciona el PC, el DVD o la plancha, así que pensé que te gustaría encontrar una lista de «consejos rápidos» en este libro.

Nota: la explicación anterior encierra una gran moraleja: si leyese los manuales, no tendría problemas. El enfoque proactivo siempre es el mejor, así que te recomiendo encarecidamente que leas todo el libro además de consultar esta sección cuando vayas escaso de tiempo.

En las entrevistas sudo mucho

■ Refuerza tu confianza interior.

■ Utiliza tejidos naturales; prescinde de la licra y del nailon.

■ Utiliza una chaqueta con las sisas amplias.

■ Utiliza un desodorante sin perfume y llévalo en el maletín o en el bolso por si acaso.

■ Ve al lavabo cuando llegues a las oficinas y sécate la cara con un pañuelo de papel; hazlo con golpecitos, no frotando.

■ Lávate las manos con agua templada (la fría hará que se reajuste tu termostato interno y se te pondrán más calientes). Sécate con papel, no con un secador de aire, y rocíate las manos ligeramente con antitranspirante (prueba antes el producto para asegurarte de que no quede pegajoso).

■ Durante la entrevista ten a mano un pañuelo de papel resistente para enjugarte la cara si empiezas a sudar.

Me sonrojo con facilidad o me salen sarpullidos por los nervios

■ Utiliza una prenda con el cuello cerrado (la mayoría de los sarpullidos acaban justo por debajo de la barbilla).

■ Humedécete las mejillas con un pañuelo de papel empapado en agua tibia justo antes de entrar a la entrevista.

■ Compra un producto con color para la piel, como hidratante o base de maquillaje. La mayoría de las empresas de cosmética venden productos con tonos verdes y violetas, que neutralizan el rojo provocado por el rubor.

■ Los hombres pueden utilizar las hidratantes sin ningún problema.

Cuando me pongo nervioso, tartamudeo

- Aguanta el tartamudeo; si te presionas para pronunciar rápidamente las siguientes palabras y compensar así la pausa sólo conseguirás que el problema se agudice.
- Espira lentamente antes de empezar a hablar.
- Utiliza un pie o un dedo (a ser posible, que no se vea) para marcarte el ritmo como si fuese un metrónomo. Así suavizarás el ritmo de tu habla y reducirás las probabilidades de tartamudear.
- Si el tartamudeo es recurrente y frecuente, informa del problema al entrevistador y aclara que suele desaparecer cuando te relajas.
- Para practicar, pronuncia frases cortas.
- Intenta relajar la tensión física. Te ayudará encoger y relajar los músculos de las manos y los pies, y empujar el velo del paladar con la lengua (esto relaja el músculo de la mandíbula).
- No pidas disculpas: muchos presentadores de televisión y entrevistadores tartamudean de vez en cuando. Lo hacen para dar énfasis.

Sufro de ataques de pánico

- Lleva siempre encima una bolsa de papel pequeña; inspirar y espirar lentamente dentro de la bolsa evitará la hiperventilación.
- Lleva un iPod o unos cascos con música relajante o mensajes grabados. Utilízalo de camino a la entrevista.
- Frótate el lóbulo de una oreja durante veintiún días cuando te sientas relajado. Ese mismo gesto te calmará al instante cuando sientas que se avecina el pánico.

Soy tímido

- Olvida el diagnóstico y dedícate a los síntomas. ¿Qué consecuencias tiene la timidez en tu aspecto, en tu tono de voz y en tus pensamientos? Cambia eso, no tu estado básico.
- Fíjate en personas tímidas que se las arreglan bien e inspírate en ellas.
- Planifica todos tus mensajes fundamentales antes de la entrevista. Ensáyalos y asegúrate de memorizarlos.
- Ensaya los momentos de charla informal. Practica con los amigos y con la familia.
- Ten en mente al menos una cosa para decirla cuando llegues.
- Muéstrate activo, no pasivo, en la comunicación. Sé el primero en hablar en al menos una ocasión. Sentirás que controlas más la situación.

No puedo comprarme un traje

- Pídelo prestado a un amigo o a un pariente con una talla similar a la tuya.
- Busca en tiendas de ropa usada.
- Varias cadenas de hipermercados ofrecen trajes muy aceptables y muy baratos.
- Prueba suerte en las rebajas.
- Si compras un traje barato, limítate a los cortes y los colores clásicos. Los mejores son el negro, el azul marino y el gris.
- Si no puedes permitirte un traje, una falda o un pantalón y una camisa siempre serán adecuados.
- Los uniformes escolares limpios y bien cuidados también pueden servir (¡excepto si tienes más de veinte años!). ¿Puedes personalizar el tuyo retirando insignias o logos?

Me preocupa que mi vocabulario no esté a la altura

■ No disimules si te cuesta entender una pregunta. Es mejor pedir que te la repitan que dar una respuesta errónea.

■ El lenguaje corporal es mucho más universal que el lenguaje oral. Si pareces seguro de ti mismo, educado y abierto, tus problemas de lenguaje no pondrán en peligro ninguna negociación.

■ Muestra siempre una actitud positiva ante las dificultades.

■ Los acentos pueden provocar barreras en la comunicación. Si sabes que el tuyo es muy pronunciado, haz el esfuerzo de hablar lentamente y con la mayor claridad posible.

■ En el caso de las diferencias regionales, evita el uso de coloquialismos.

■ Sé positivo. ¿Cuántos idiomas conoces? ¿Podrían suponer alguna ventaja para la empresa?

Me preocupa quedarme en blanco

■ Redacta una lista con todos tus objetivos verbales. ¿Por qué desearían contratarte? ¿Qué experiencia tienes?

■ Pasa la lista a una hoja de papel y convierte cada idea en un punto.

■ Estúdiate los puntos antes de entrar en la entrevista; te ayudará a concentrarte.

■ No escribas más texto. Memorizar un guión mental te hará sentir menos relajado.

■ Prueba a empezar con una pequeña broma; te relajará ver cómo sonríen los entrevistadores y tú mismo relajarás el cuerpo con el fin de tener una excusa para sonreír.

■ El entusiasmo debería estar por encima de las lagunas de memoria. Si te vendes primero todos tus puntos positivos, te resultará más fácil hacerlo durante la entrevista.

- Si empiezas a quedarte sin ideas, espira suavemente y no piensas en nada durante dos segundos. Así «reiniciarás tu cerebro». Los pensamientos de pánico incrementan la presión.
- Piensa en una melodía ridícula que conozcas bien y repásala rápidamente si te quedas en blanco.

En ocasiones no puedo parar de hablar

- Habla por frases, no por párrafos.
- Haz una pausa antes de hablar: no es un concurso de velocidad.
- Nunca empieces a hablar antes de tener lista tu respuesta.
- Cuando empieces a quedarte sin aliento, termina tu exposición.
- Crea titulares verbales: primero plantea la idea resumida, después aporta los datos sólo si lo consideras necesario.
- Tienes una boca y dos orejas. Utilízalas en esa proporción.

¿Qué pasa si no sé la respuesta a una pregunta?

- Es mejor ser sincero que disimular. Responde que no sabes la respuesta.
- Haz una pausa antes de contestar. Puede que sepas la respuesta y que sólo necesites más tiempo para pensar.
- Repite la pregunta para ganar tiempo.
- Discúlpate: «Lo siento; me temo que no sé la respuesta».
- Utiliza un lenguaje corporal asertivo, que transmita confianza. Nunca te muestres inquieto o a la defensiva.
- Si es posible, ofrece información alternativa: por ejemplo, «Lo siento, no sé nada del sistema bancario japonés. En cambio, tengo bastantes datos sobre las prácticas económicas coreanas».

Soy incapaz de recordar el nombre del entrevistador

- Crea una afirmación positiva: «Se me da muy bien recordar nombres». Si eres optimista, te ayudará en tus técnicas de aprendizaje.
- Repite los nombres cuando entres a la entrevista.
- Si es posible, crea una imagen visual. Si una entrevistadora se llama Margarita Roca, por ejemplo, visualiza la flor junto a una piedra.
- Imagina el nombre escrito en el aire.
- Piensa en alguien conocido que se llame igual. ¿Margarita Xirgu, por ejemplo?

Me cuesta mantener el contacto visual

- Empieza a practicar con la persona encargada de recepción y después sigue con cada una de las personas que vayas conociendo.
- Si tienes que esperar en recepción, establece contacto visual (no miradas fijas) con cada persona que llegue o que pase por el vestíbulo.
- Hazlo por pasos: una mirada cada vez en lugar de limitarte a decirte que tienes que aumentar el contacto visual general.
- Las presentaciones son los momentos ideales para mirar a los ojos. Interioriza la instrucción de establecer un buen contacto visual en cuanto entres por la puerta de la sala de entrevistas.
- Recuérdate que también mantendrás el contacto visual cada vez que escuches una pregunta.
- Y que mirarás a los entrevistadores antes de marcharte.
- En cada uno de esos momentos de contacto visual fundamental, cuenta mentalmente hasta tres antes de desviar la mirada.
- Si necesitas desviar la mirada, es mejor mirar hacia abajo que hacia arriba o a los lados.

No sé qué hacer con las manos

- Ensaya delante de un espejo. Coloca una silla y actúa como si hablases contigo mismo.
- No tengas nada en las manos, como un bolso o un bolígrafo. Los accesorios hacen más evidentes los movimientos inquietos.
- Apoya los codos en los reposabrazos de la silla.
- Descansa las manos agarradas sobre tu regazo.
- Si estás sentado ante una mesa de reuniones, coloca las manos agarradas, relajadas, sobre la mesa.
- Mientras escuchas, mantén las manos agarradas, pero cuando hables utiliza gestos sutiles y enfáticos para reforzar tus palabras.
- Si tienes la costumbre de juguetear con joyas o con el pelo, no lleves joyas o recógete el cabello.
- Los gestos no deben sobrepasar las líneas por encima de los hombros y por debajo de la cintura.

Me preocupa que me pregunten por las lagunas en mi currículum

- Planifícate para responder a preguntas de este tipo. El entrevistador está en la obligación de hacértelas.
- Es posible que lo mejor sea que tú mismo plantees las lagunas. Parece menos defensivo.
- No mientas. Sé sincero, pero también lo más positivo que puedas.
- Mantén el contacto visual y los gestos abiertos mientras hablas. Te harán parecer más honesto y más cómodo.
- Sé conciso. Explica de manera clara y breve qué has hecho durante esos tiempos muertos.

Me preocupan las pruebas matemáticas o escritas

- Utiliza técnicas relajantes, como espirar poco a poco y dar golpecitos lentos y rítmicos con un pie para no quedarte en blanco.
- Céntrate en la pregunta. La preocupación te llevará a centrarte en las preguntas anteriores que pudieses haber contestado mal y en las que todavía están por llegar. Disciplina tu voz «líder» para decirte que pienses únicamente en la pregunta actual.
- Si no sabes una respuesta, dilo y no te avergüences. Sólo empeorarás las cosas si quedas como un estúpido por reírte nerviosamente o por insistir en pedir disculpas.
- Los entrevistadores están acostumbrados a que aumente el nerviosismo de los candidatos en esta fase de la entrevista.
- Si no te limitan el tiempo, tómatelo con calma. Las ideas precipitadas restan eficacia al pensamiento.
- Realiza ejercicios y crucigramas para entrenar el cerebro durante los días previos, e incluso horas antes de la entrevista.

¿Qué pasa si llego tarde?

- Llama a la empresa con antelación y avisa de que vas a retrasarte.
- Pide disculpas en cuanto llegues.
- Haz saber al entrevistador que llegar tarde no va contigo.
- Ofrece una excusa sencilla y concisa: cuantos más detalles aportes, menos sincero parecerás.
- No culpes a un tercero: «Mi madre se ha olvidado de despertarme/Mi novio se ha perdido en el trayecto» son excusas demasiado infantiles.
- No des una excusa que sugiera problemas futuros: «No encontraba la dirección/Me he equivocado de mapa/Tenía resaca» harán saltar las alarmas...

- ... igual que un anodino «Había mucho tráfico».
- Lo mejor es una excusa inevitable o imprevisible. Un atasco enorme provocado por un accidente, una avería en el tren o cualquier otra emergencia menor.

Creo que no le caigo bien al entrevistador

- Si es sólo una intuición, ignórala. Algunos entrevistadores se muestran poco agradables con la intención de crear un ambiente más formal o para someterte a presión.
- Despliega siempre toda tu simpatía.
- Imagina que se comporta así con todos los candidatos y que sólo se trata de poner a prueba tu resistencia y tu capacidad para tratar con personas difíciles.
- Si la entrevista es de promoción interna y conoces al entrevistador, podrías estar en lo cierto. En ese caso, compórtate como un profesional durante toda la entrevista y no respondas con la misma aversión que detectas. El entrevistador debería ser suficientemente profesional para proceder con imparcialidad.
- ¿La entrevista es para trasladarte a otro departamento? En ese caso, su aversión incluso podría aumentar tus posibilidades.
- Si sabes que existen razones fundadas para su antipatía (por ejemplo, has demostrado cualidades negativas como retrasos, grosería o pereza), tendrás que demostrar durante la entrevista que has modificado tu conducta.
- Si has tenido un enfrentamiento anterior con el entrevistador, podrías intentar llegar a un acuerdo antes de la entrevista.
- Si te entrevista un grupo, lo mejor es ignorar el problema. Si crees que esa persona se «mete contigo» durante la entrevista, mantén la corrección y no hagas caso. Demostrar o responder con aversión, reprimida o no, jugará en tu contra.

No reúno los requisitos para el puesto

- Si llegas a la fase de la entrevista (y siempre que no hayas mentido en el currículum), es que deben de ver algún potencial en ti.
- Escribe una lista con tu experiencia y tus cualidades personales, y prepárate para hablar de ellas.
- Muestra interés por completar tu formación si te seleccionan.

Estoy sobrecualificado para el puesto

- Plantea el tema tú mismo. Podrían pensar que te aburrirás o que cambiarás de trabajo en cuanto te surja algo más adecuado.
- Explica por qué quieres ese trabajo o ese ascenso.
- Si sabes que el salario es inferior al que tenías antes, también tendrás que explicar por qué aceptas un recorte de ese tipo.
- Explica por qué consideras ese trabajo como un paso adelante en tu vida.

Me incomoda hablar de mí mismo

- Despersonaliza el proceso. Piensa que eres un producto que intentas vender.
- Redacta una lista con seis de tus cualificaciones/experiencia laboral mejores o más relevantes y otras seis habilidades/rasgos de la personalidad. Memorízalos para asegurarte de mencionar el mayor número posible de ellos, incomodado o no.
- Practica juegos de rol. Imagina que eres tu mejor amigo y te preguntan sobre ti. ¿Qué responderías?

Me han dicho que no provoco suficiente impacto en las entrevistas

- Asegúrate de que te recuerden, pero por motivos positivos. Una corbata ridícula o un tono de voz agudo no impresionarán a nadie.
- Casi todo el impacto se produce en el momento de entrar en la sala. Camina bien, sonríe, establece contacto visual y ofrece un apretón de manos firme.
- Muéstrate positivo durante toda la entrevista. La negatividad es un rasgo muy común entre los entrevistados. Destaca por ser alegre y optimista.
- Revitaliza tu lenguaje verbal. ¿Utilizas clichés y jerga?
- Revitaliza tu tono vocal. La monotonía siempre resulta aburrida.
- Revitaliza tu lenguaje corporal. Camina y muévete con energía. Permanecer demasiado quieto en la silla resulta visualmente monótono para los demás.

Me han dicho que parezco demasiado agresivo/asertivo

- En ocasiones, mostrarse seguro y positivo puede desembocar en arrogancia o exceso de confianza. Equilibra tus señales de estatus para no parecer más seguro de ti mismo que la persona que te está entrevistando.
- No desafíes al entrevistador ni discrepes abiertamente con él.
- Cuando vayas a plantear una visión controvertida, antes muéstrate abierto a sus opiniones.
- No sugieras que todo lo que hace la empresa actualmente es un error o una estupidez. Es posible que quieras aportar tu experiencia al puesto, pero no deberías criticar la cultura de la empresa antes de ocupar dicho puesto.

- No compitas intentando parecer más inteligente que el entrevistador.
- No hables mal de tus anteriores empresas o jefes.
- No mantengas más contacto visual que los entrevistadores ni les estreches la mano con más fuerza.
- Evita los términos como «obviamente» al principio de tus respuestas.

Me han dicho que soy demasiado brusco

- ¿Hablas demasiado claro, sin tacto? Haz que tus comunicaciones sean más objetivas. Pregúntate qué quieres conseguir con la entrevista.
- Nunca utilices expresiones como «No quiero ser grosero, pero...», «Espero no ser demasiado grosero, pero...» o «Con todos mis respetos...». Indican que a continuación vienen afirmaciones carentes de tacto.
- Haz pausas antes de hablar. Si es necesario, repite la pregunta para ganar tiempo.
- Antes de hablar, considera lo que vas a decir desde la perspectiva de la otra persona.
- El tacto no es sinónimo de debilidad, es una estrategia.

Después de algunas entrevistas sin éxito, me desmotivo mucho y empiezo a tirar la toalla

- Considera las entrevistas como una campaña. Tienen diferentes fases. Es normal que alguna de ellas te provoque falta de motivación y de energía.
- Reinicia. Repasa la lista de tus logros y de tus puntos positivos.
- Considera cada entrevista como una unidad. Incluir mensajes

y experiencias negativas de una entrevista anterior en la siguiente no sirve de nada y no tiene sentido.

- Analiza una entrevista pasada sólo para valorar qué has hecho bien y qué podría ser lo que has hecho mal. Aprende a cambiar lo que no funciona.
- La paranoia tampoco sirve de nada. Si no sabes por qué no te ha salido bien una entrevista, no especules sin control.

Soy mayor que casi todas las personas que me entrevistan

- Tienes de tu parte la ley contra la discriminación por razones de edad.
- Intenta no confundir capacidad con experiencia (las tuyas y las de tus entrevistadores).
- La experiencia sólo resulta útil si es positiva. Insiste en que lo que has aprendido funciona y se puede llevar a cabo, no en que **no se puede** intentar o es una pérdida de tiempo hacerlo.
- El entusiasmo y la energía siempre son mejores que el cinismo.
- Los entrevistadores no deberían tener en cuenta tu edad, y tú tampoco. No hagas constantemente referencia a ello.
- No utilices expresiones como «En mis tiempos...», «Por supuesto, no se acordarán, pero...», «A mi edad», etcétera. Esta actitud roza la autodiscriminación.

Tal vez soy demasiado joven para el puesto

- Recuérdate todas las cosas positivas que tu edad puede aportar al puesto.
- No te vistas ni te comportes como si fueses mayor de lo que eres, pero busca un *look* atemporal que no realce tu juventud.
- Mantén un buen contacto visual.

- Intenta bajar el tono vocal una o dos notas: las voces agudas parecen más infantiles.
- Aprovecha los rituales, como los apretones de manos, para mostrar tus habilidades sociales.
- Lleva un buen maletín y un buen bolígrafo. Son una buena inversión.